香港史學會系列

# 歷史虛幻

## 打鼓嶺的歷變

黃競聰 著

中華書局

# 目錄

## 下篇　社會文化篇

# 推薦序 / 蕭國健

打鼓嶺地區位香港新界北部，毗鄰沙頭角地區，其得名之由來，據民間傳謂，該地於明清間，常為盜寇所擾，居村遂組聯盟鄉約，派人守衛，遇有盜寇來犯，則鳴鼓示警，齊集村民抵禦。另一傳説云：該區北面今深圳河之北為黃貝嶺村，人多勢強，每有南下欺壓打鼓嶺區內居民，民遂於其來犯時，擊鼓齊集，以作抵禦。

惟據清康熙及嘉慶兩新安縣志所載，謂「打鼓嶺在（新安縣）六都，俗傳風雨夜，聞鼓聲。」是則此為自然現象，蓋該地為高山，狂風暴雨打下之回聲如鼓聲，夜靜時較易聽聞。其得名之由，方志已載，上述民間傳説實掌故矣。

自清康熙九年展界，香港新界地區之居民陸續遷回，惟有等遷界時死於途中，或客死異鄉，亦有定居他地，未有遷回，故回歸故土者少，時政府為增加境內居民，遂於雍乾間，通令鄰近地區人士，鼓勵入遷，且設奬勵。時居鄰近之客藉人士，以其原居地生活較艱苦，故有遷入，擇地定居，開村立業。香港地區氣候溫和，雨水適宜農耕，故打鼓嶺坪源河一帶，為客家遷入聚居地。

其時，該區北面黃貝嶺張氏，及南部孔嶺地區之村民，對此等新入遷者，並不友善，故械鬥事件，間有發生。打鼓嶺區內各村，為求自保，維護境內治安，及分配坪源河水等問題，遂聯合組成「六約」鄉盟，以該地之天后廟為會盟辦公之所。

1898 年中英簽署《展拓香港界址專條》，以深圳河為界，自此形成深港邊界。但根據 1899 年《香港英新租界合同》，深港邊界「任兩國人民往來」，雙方僅在交通要道設立哨位進行觀察、展開海關緝私活動。1905 年，位打鼓嶺坪輋路之打鼓嶺警署建成，其目的為維持北面邊區之法治。其初該處只為印籍警員駐守，主要防止華界寇盜越界犯案，該警署與沙頭角及上水兩警署互有連繫。

1949 年中華人民共和國成立時，邊境常有非法難民越境潛入，間有與軍警衝突，政府遂開始在邊界設防。於北區邊界山脊上，建多座麥景陶碉堡 Macintosh Fort，以助防衛。此類碉堡自建成後，阻截自深圳及沙頭角地區之非法入境者，產生甚大作用。

1951 年政府正式實施邊境管理，打鼓嶺地區部分村落居民，結束自由來往，需要使用禁區通行證進出。2012 年，新邊境禁區範圍正式生效，打鼓嶺地區部分被開放。當地居民遂不再需要使用禁區通行證進出。

競聰君對打鼓嶺地區之歷史及社會文化甚有研究，除翻查有關該區歷史之典籍及檔案外，於工餘間在區內作廣泛考察、訪問及拍照記錄。現將所獲資料編輯成書，題為《歷史虛幻：打鼓嶺的歷變》，囑余為序。余以其書內容豐富，對打鼓嶺地區之歷史及文化，有詳盡介紹，故特作推薦。

蕭國健於顯朝書室

2024 年初夏

# 自序

打鼓嶺位於香港新界東北部，原為一山嶺的稱謂，後延伸成為鄰近地區統稱。復界以後，大量客籍人士入遷，新界宗族的勢力重新「洗牌」，連繫於一族興衰的風水葬地也出現「失祭」的情況。村落之間為爭自然資源，械鬥事件時有發生，弱小的村落通過祭祀同一個神靈，組成聯盟抵抗大宗族。打鼓嶺附近村落組成打鼓嶺六約，便以坪源天后廟作為信仰中心。新界租借 (1898) 初期，港英政府把新界劃分為不同區域以便管理，打鼓嶺區各村合組六約 (Luk Yuek)。打鼓嶺區位處邊境地帶，兩地尚未設立出入境關卡，兩地人民往來頻繁。

1951 年，港府設立新界邊境禁區，打鼓嶺部分地區納入禁區範圍。區內居民仍自由進出，但禁區外居住的港人則需申請「禁區紙」方可進出禁區，此政策對打鼓嶺區有着莫大影響。回歸以後，特區政府分階段開放新界禁區，釋放更多的土地用作發展用途。2016 年打鼓嶺禁區正式開放，打鼓嶺將迎來翻天覆地之變化。此書是本人繼《城西溯古：西營盤的歷變》後再次以地區史為研究課題，沿用其體例，分為沿革篇和社會文化篇。前者先從社區發展的角度剖析打鼓嶺之演變；後者透過對該地之鄉治、歷史建築、非遺、教育和經濟等方面的探索，從而瞭解打鼓嶺的地區特色。

筆者參與打鼓嶺的研究，完全出於偶然，源自新界東北發展，筆者跟隨多名藝術家走進新界邊境村落。在此本人特別感謝好友、著名攝影師蔡旭威先生（John Choy），要是沒有他的啟發，我根本不會開展邊境禁區的研究。還有一位是梁昭研先生（暱稱：千千），他是香港地理學研究者，研究的題目跟本人也很相近，因緣際會下促成我們仨開展新界邊境禁區研究。還記得十多年前，John Choy 駕着車子帶我和千千走遍新界邊境每個角落，採風問俗，訪問鄉人，何其快哉！所謂三人行必有我師，使我在研究打鼓嶺的路途上並不孤獨，後來更啟動了《道聽．途說 —— 香港邊境研究計劃》。

值得一提的是，此書大部分照片由 John Choy 提供，書中的作品拍攝於禁區開放前後，捕捉了不一樣的打鼓嶺風光，呈現出一種虛幻的味道，故書名亦以「歷史虛幻」為題。最後，感謝蕭師國健教授賜序，並得到中華書局（香港）有限公司黎耀強先生、金敏華先生多番鞭策，方能順利付梓出版。

黃競聰謹識

2024 年 10 月

上篇

# 沿革篇

第　一　章

# 遷海前新界打鼓嶺區之發展

## ■ 第一節 ■　新界之地域沿革

### 一、新界地理

新界位於深圳以南，東鄰大鵬灣，西盼珠江河口之伶仃洋，南接九龍半島，以界限街為分界。屬於新界的島嶼則散處在香港附近的海面。1898 年以後，港府於沿岸大量填海，陸地面積不斷擴大。滄海桑田，截至 2020 年，新界本土及島嶼的填海面積分別為 28.52 及 18.91 平方公里。新界本土面積為 748.24 平方公里；大嶼山為 147.51 平方公里；新界島嶼（大嶼山除外）為 86.76 平方公里，新界的總面積合計有 982.51 平方公里。雖然新界屬於香港下的一個行政分區，但佔香港總面積（為 1110.18 平方公里）的比重約為 88.50%；而香港島及鄰近島嶼佔 7.27%（80.72 平方公里）、九龍半島佔 4.23%（46.95

平方公里）。[1]

香港地勢崎嶇不平，屬山地丘陵地區，山地佔土地面積約四分之三，多山峰和陡坡，故可耕土地不多。[2] 香港最高的三個山峰以大帽山為首（957 米），[3] 鳳凰山次之（934 米），大東山位列第三（869 米）。平原約佔土地面積兩成，主要集中在新界西北部。其中以元朗平原為全港最大，且土壤肥沃，適宜耕作。職是之故，南遷族群多選平原谷地作建村之所，後來因各村人口增加，宗族之間便互相爭奪這些宜耕之地。[4] 水源方面，新界共有四條主要河流，分別是城門河、錦田河、林村河和深圳河。其中深圳河位處新界邊境，屬於港深分界線，是新界最大的河流，其發源自深圳梧桐山之西南，途經打鼓嶺、羅湖、落馬洲、新田等地區後流入后海灣。[5]

## 二、新界地區之地域沿革

新界歷代均為中國領土。迄至清代，其為廣州府新安縣的一部分。「新界」名稱是英國租借該地以後才出現。新界，意謂「新租界」，新界初稱 The New Territory，1912 年改稱為 The New

---

1 香港 2020：便覽。

2 饒玖才：《十九及二十世紀的香港漁農業傳承與轉變》（下冊農業）（香港：天地圖書，2017），頁 10。

3 大帽山因峰頂常為雲霧籠罩，狀如戴帽，因而得名。

4 羅慧燕：《藍田樹下：新界鄉村學校》（香港：三聯書店，2015），頁 16。

5 蘇子夏編：《香港地理 —— 山海依舊風物在》下篇（香港：商務印書館，2015），頁 20。

Territories。[6] 溯自新石器時代中期，香港已有先民活動的紀錄。自上世紀初考古工作在香港開展迄今，在沿海一帶及島嶼上發現大量新石器時代中期的考古遺址，引證香港地區最少有接近七千年的歷史。其分布主要在新界沿岸及島嶼的沙堤上。[7] 至於九龍半島及港島北岸，則因城市急速發展，古代遺址已幾近蕩然無存。新石器時代中期遺址的考古發現以陶器及石器為主。[8] 香港開埠初期有大量漁民居於漁船上，故有學者推測古代先民亦以船為家，只會在陸地作短暫停留，因此沒有發現古代的陸上居所。直至八十年代末至九十年代，因考古發掘技術的改進，香港多處遺址均發現先民的房址及聚落遺蹟，先民以船為家之假說不攻自破。

始皇三十三年（前 214）平定南越，置南海、桂林、象郡等三郡，南海郡轄領番禺、博羅、中宿、龍川、四會及揭陽等六縣。其時香港地區隸屬南海郡番禺縣。秦始皇銳意開發嶺南，出兵百越及遣軍戍守五嶺，使原居五嶺的古越人大量遷入。[9] 秦代末年，南海郡尉任囂病

---

6 G.N. Orme. "Report on the New Territory on the years 1899-1912," in *Papers Laid before the Legislative Council of Hongkong, 1912* (Sessional Papers), Government Printer, Hong Kong, 1912, No. 11/1912.

7 黃競聰：〈香港傳統村莊與中式民居發展〉，載《香港歷史探究》（香港：香港史學會，2011），頁 72-86。

8 香港新石器時代中期距今六千多年的遺址包括：南丫島大灣、南丫島深灣、大嶼山蟹地灣及萬角咀、香港島春坎灣、屯門湧浪、吐露港丫洲、長洲東灣、銅鼓洲、赤鱲角深灣村及虎地等。香港沿岸沙堤地勢平坦，三面環山，前有袋形港灣，後有潟湖，有豐富海產資源；鄰近山林，有野生動物和野果可供採集及獵食，故為先民首選的理想居住地。

9 黃競聰：〈香港傳統村莊與中式民居發展〉。

死，龍川縣令趙佗據廣東地區自立，建南越國。[10] 武帝元狩四年（前119），設鹽官，駐南頭，負責鹽鐵專賣。1955 年 8 月，九龍李鄭屋村發現屬於東漢時期的磚室墓。根據墓室規格及墓內的陪葬品，估計墓主人身份並非一般，推斷為鹽官或其家人。[11] 三國時期孫吳甘露元年（265），香港地區改屬南海郡博羅縣。[12]

東晉成和六年（331），成帝置東莞郡，治所在南頭東莞場，香港改屬東莞郡寶安縣。東晉末年，孫恩和盧循作亂，後為劉裕所敗，孫恩戰死。據陳伯陶《東莞縣志》載，盧循率餘部逃難至廣東南部避難，其部下稱盧餘，居停地稱盧亭，疑為大嶼山一帶。[13] 南朝宋時，有傳杯渡禪師從洛陽南遊，曾短暫駐錫青山，其後往交、廣地區，不知所終。後人在今之屯門建「杯渡庵」，以紀念杯渡禪師。[14] 隋朝廢東莞郡，香港改屬南海郡寶安縣。按《新唐書》載，開元二十四年（736）設屯門鎮，置守捉使，治所在南頭城，[15] 駐兵二千，負責整個廣東海岸線的防衛，管轄地區包括位於新界西北地區的屯門，亦兼負

---

10 區家發：〈香港考古成果及其啟示〉，載《香港史新編》上冊（香港：三聯書店，1997），頁 1-36。

11 黃競聰：〈香港傳統村莊與中式民居發展〉。

12 西晉仍沿舊制，東晉成和六年（331）在南海郡東南部置東莞郡，以前番禺鹽官改稱之司鹽都尉，首任東莞太守，領寶安、安懷、興寧、海豐、海安和欣樂六縣。蕭國健：《香港歷史與社會》（香港：中華書局，1994，修訂版），頁 5。

13 蕭國健：《香港古代史》（香港：中華書局，2006，修訂版），頁 6-7。

14 當時來華的西域僧人，多從陸路往長安傳法，回程時或從陸路，或循海路歸國。由於當時屯門地處要衝，採海路西歸的僧侶多經香港。有關杯渡禪師的研究，可詳見鄧家宙：《香港佛教史》（香港：中華書局，2015）。

15 現位於后海灣西北岸。

揖捕盜賊之責，保護海上貿易。[16] 唐至德二年（757），寶安縣改稱東莞縣，香港隸屬於廣州府東莞縣。

五代南漢君主劉隱於大步海設媚川都，置靖海都巡知屯門鎮事，兵二千，負責採珠事務，[17] 即今之吐露港、船灣等地。南宋年間，因香港盛產海鹽，故派遣鹽官，專責管理鹽場事務。香港東部隸屬官富場。現大嶼山古稱大奚山，屬東莞場轄下海南柵。慶元三年（1197）大奚山傜民販賣私鹽，提舉徐安國緝捕鹽梟，觸發傜民作亂。廣州經略錢之望派兵盡殺島民，並墟其地。為防民變再起，朝廷留摧鋒軍三百戍守大奚山。南宋末年，首都臨安告急，急徵各地軍隊赴援。留守大奚山的摧鋒軍半數北上，只剩餘百多名兵員。因恐士兵過於孤立，故寧宗慶元六年（1200），移屯九龍官富場，是九龍城駐有軍隊之始。[18]

後來蒙古軍隊攻陷臨安，皇室貴冑紛紛南逃。張世傑、陸秀夫在福州擁立趙昰，是為端宗，與同父異母弟趙昺輾轉由海路南逃至廣東。蒙古軍隊分道南下，宋軍節節失利。蒙古兵陷廣州，景炎二年

16 外地船隻如到廣州，必先在后海灣停留，伺夏季東南風起，便揚帆北上虎門；離開的船隻，亦須等候至冬天颳起西北季候風，才能起航。

17 官府為了嚴防私採、搜集及收藏，故徵集善泅泳者，腰繫盛載珍珠的袋子，由官兵以船載至海中，先以石錘足，蹲身入海，沉水而下，「有至五百尺深者」；船上的官兵，手執繫在泅者身上繩索的另一端，至認為採珠者不能再「忍氣」，且已採集相當數量的珍珠時，才連人帶石拉上水面。水性較差者，往往泅溺而死。這種採珠的方法，既危險而且十分殘忍。

18 蕭國健：《香港古代史》，頁 21-22。

（1277）四月，宋帝駐官富場。[19] 相傳帝昰一直希冀有勤王之師出現，故常登山眺望，是「宋王臺」古跡之由來。[20] 同年九月，宋帝移至淺灣（今稱荃灣），部分軍眷留港。蒙古軍隊襲淺灣。景炎三年（1278）三月，帝昰在碙州（疑今大嶼山自東涌至大澳等地）病逝。[21] 帝昺即位，移駐崖山。翌年，蒙古舟師襲崖山，宋軍大敗，陸秀夫負帝昺跳海自盡，南宋覆亡。

蒙古人統一中國後，厲行高壓統治，在香港一帶設屯門巡檢司，置巡檢一員，從九品，負責「盤詰從來奸細及販賣私鹽犯人」，[22] 掌管區內產鹽、採珠等事務。明代時期，香港仍屬東莞縣，成立官富巡檢司，取代元代屯門巡檢司。洪武十四年（1381），於東莞縣地設東莞守禦千戶所，以抵禦海盜。十六世紀初，葡萄牙人東來，沿海北上抵達香港沿岸，據守屯門。[23] 此舉招致官民的憤怨。正德十六年（1521），汪鋐出師，與葡人戰於茜草灣，多艘葡船被焚。嘉靖元年

---

19 宋室南逃選擇九龍，與該地有駐軍有關。駐守官富場的軍隊雖然只得一百名，但在危急的時候，已相當不錯。

20 「宋王臺」相傳是宋帝昰和帝昺的觀賞臺，位於九龍灣西岸的小山崗上，是清代為紀念宋帝而刻上「宋王臺」三字。《北京條約》簽訂後，香港政府立例保存。及日佔時期，日軍為擴建啟德機場而炸毀該山崗，刻有「宋王臺」三字的石刻幸未炸毀。重光後，香港政府建「宋王臺公園」，安放刻有「宋王臺」三字的石刻，以為紀念。詳見蕭國健：〈清嘉慶年間之宋王台摩崖石刻〉，載《香港歷史與社會》，頁 164-165。

21 蕭國健：《香港古代史》，頁 24-25。

22 （明）王佐撰，嘉靖版《廣東通志》。

23 按明代慣例，外國人到中國須先知會中國官員，送禮、跪拜後才允許入境。

（1522），葡船敗逃浪白滘，香港得以恢復安定。[24]

隆慶六年（1572），劉穩任廣州巡海道副使，專責廣東海防事務。他在巡視南頭時，遇鄉民吳祚等請求在南頭設立縣治，因南頭距離東莞縣治較遠，管理困難，且常受倭寇及海盜的侵擾。[25] 劉穩獲左副使都御史何維柏和兩廣總督殷正茂的支持，接納鄉民的請求，遂轉呈予廣東布政使。萬曆元年（1573），明廷准奏設立新縣，賜名「新安」，意謂「革故鼎新，去危為安」，縣治設於南頭。自此，香港改屬新安縣管轄。[26] 新安縣的範圍以東莞守禦所城為中心，東至陶娘山，西至虎頭山，北至寶山，南及香港全境，整個範圍涵蓋今之深圳大部分地區、東莞東部及部分東南土地，以及香港全部土地。香港全境佔新安縣面積五分之二。[27]

清初順治年間，鄭成功佔據台灣，沿海居民屢屢接濟。清政府為禁沿海居民接濟台灣鄭氏，於順治十三年（1656）頒海禁令，[28] 但成效不彰。康熙元年（1661）八月，頒遷海令，波及江南、浙江、福建和廣東四省。[29] 新安縣地多達三分之二須向內遷徙。香港悉位於遷

24 這場「茜草灣之役」在《明史》中亦有記載。《明史》中稱葡萄牙為「佛郎機」，而擄獲的火炮稱「佛郎機炮」。

25 劉潤和：《新界簡史》（香港：三聯書店，1999），頁 4-7。

26 （清）靳文謨：〈吳祚傳〉，《新安縣志》（康熙戊辰二十七年，1688），卷六及卷十。

27 劉潤和：《新界簡史》（香港：三聯書店，1999），頁 4-7。

28 蕭國健：《香港古代史》，頁 60-63。

29 內遷距離由四十里、三十里（福建及鄰近地區）、二十里或十里不等，以廣東為害最深。詳見蕭國健：《清初遷海前後香港之社會變遷》（台灣：台灣商務印書館，1986），頁 103-105。

界內，居民須向內陸遷徙五十里。[30] 康熙五年（1666）裁撤新安縣，併入東莞縣。遷海令實施後，鄭成功勢力未有消退跡象，沿海地區民生則受到嚴重破壞。康熙八年（1669）清廷終允展界，香港居民始能陸續遷回。[31] 康熙二十三年（1684）弛海禁，廢遷界令，沿海居民終得遷回。[32] 此時，香港歸屬新安縣管轄，縣治為南頭。[33]

1842 年，中英簽訂《南京條約》割讓香港島；1860 年，中英再簽訂《北京條約》割讓九龍半島，版圖擴張十平方里，範圍包括界限街以南。1898 年，英國援引「片面」最惠國待遇，借口法國租借廣州灣，向清廷提出展拓界址的要求。中、英雙方終於簽署《展拓香港界址專條》，範圍為界限街以北，深圳河以南，面積約 975 平方里租借予英國，該地區稱為「新界」，租借期為 99 年。自辛亥革命之後，前清新安縣地區改稱為寶安縣。[34]1984 年 12 月 19 日，中英雙方簽訂《中華人民共和國政府和大不列顛及北愛爾蘭聯合王國政府關於香港問題的聯合聲明》，簡稱《中英聯合聲明》。1997 年 7 月 1 日，香港主權移交，正式結束英國的殖民管治，成為中華人民共和國的特別行政區。

---

30 蕭國健：《清初遷海前後香港之社會變遷》，頁 112。

31 居民有感周、王對復界有功，錦田鄧氏建周王二公書院，上水建有報德祠。

32 遷海為禍甚鉅。康熙七年（1668），廣東巡撫王來任遺疏諫之，復得兩廣總督周有德請求復界。

33 蕭國健：《清初遷海前後香港之社會變遷》，頁 125。

34 王國華主編：《香港文化發展史》（香港：中華書局，2014），頁 167-173。

## ■ 第二節 ■　新界打鼓嶺位置與命名

### 一、打鼓嶺的位置

打鼓嶺對於社會大眾來說，是一個既熟識又陌生的地方。大部分港人都熟知這個地名，清楚它位處新界邊境。打鼓嶺位於新界北部，三面環山，區內白虎山位處香港最北端。打鼓嶺與深圳一河之隔，是平原河形成的河谷地帶。[35] 該河源自坪輋一帶，沿老鼠嶺、木湖等地，至週田村的抽水站後和深圳河匯合。平原谷地極少，不過在禾徑山、大嶺及新屋嶺之間卻有一片平原，為坪輋村和坪洋村所據，故又稱「雙坪平原」。[36] 傳媒報道天氣時，總會顯示香港各區溫度，打鼓嶺必位列其中，作為北區天氣的指標。[37] 蓋因打鼓嶺位於內陸地區，吸熱和散熱速度快，普遍來說溫差較市區為大，夏天氣溫較市區高攝氏一至三度不等；同樣，冬天的溫度又比市區低攝氏一至三度，更曾錄得負一度的低溫紀錄。

### 二、打鼓嶺的命名

1902 年，港府派英印測量員在打鼓嶺區測繪地圖，以 Laffans

---

35　平原河英文名和印度恆河同名，為 River Ganges，相信是早年由印度測量員命名。

36　司馬龍：《新界滄桑話鄉情》（香港：三聯書店，2003 第四版），頁 149-150。

37　打鼓嶺夏天溫度普遍比市區高，冬天則比市區低，更曾錄得零度以下的低溫，是香港少數有機會出現零點以下溫度的地區，例如 1985 及 2009 年，曾出現 -0.8℃及 -0.4℃最低溫。故此香港天文台在打鼓嶺設監測站，專門收集新界區的天氣數據。

Plain 命名該區，饒玖才推測是從印度語借用過來的。又將打鼓嶺一帶稱為 Cheviots。它原是英格蘭與蘇格蘭邊界的山嶺地區，與打鼓嶺區的地勢相似。[38]1954 年，打鼓嶺鄉事委員會投入服務，邀請了民政署署長彭德（Kenneth Myer Arthur Barnett）主持開幕儀式。彭德致辭時曾提及打鼓嶺命名的由來。[39]

> 打鼓嶺非村名，亦非山名，地圖上找不出，原來打鼓嶺係一個地區之名稱，舊時係六約，隸屬深圳，與沙頭角、上水原分開，人口約四千，多業農，亦有磚業，全區四面係矮山，中間盤地，地方雖小，可以自作自為，所謂「打鼓划船靠自己」，故打鼓嶺一名實甚有意思。

按彭德的見解，打鼓嶺是地區名稱，以前舊稱為六約。英人租借新界初期，港府為了方便管治，將新界分成八約（District），六約（Luk Yuek）獨立為一約，打鼓嶺名字尚未在香港政府憲報中出現。[40]六約名稱源自打鼓嶺六約，乃清代組成的鄉約聯盟。早期港府仍沿用鄉約聯盟的名稱作為該區的統稱。查最早記錄打鼓嶺的名稱來自《新

---

38 饒玖才：《香港的地名與地方歷史（下冊）——新界》（香港：天地圖書，2012 第二版），頁 207-211。

39 〈打鼓嶺鄉事會揭幕〉，《華僑日報》，1956 年 5 月 3 日。

40 *The Hong Kong Government Gazette*, 27th May, 1899, pp. 816-817; *The Hong Kong Government Gazette*, 8th July, 1899, pp. 1069-1078.

安縣志》「俗傳風雨夜聞鼓聲」。按其分類，它並非村名，而是山的名稱。[41]

清初屈大均在《廣東新語》載：「粵俗稱山之有林者曰山，無者曰嶺。」[42] 嶺者，泛指樹木較少的山峰。「打鼓」兩字的由來則有不同的說法。其一，打鼓嶺位處香港邊境地帶，北面沒有任何天然的屏障。寒冬時分來自內陸的季候風既急且勁，所發出的迴響猶如鼓聲一樣，故鄉民稱此區為打鼓嶺。[43] 另一說法是，清中葉年間，深圳黃貝嶺張氏人多勢眾，打鼓嶺區村落人丁單薄，時為他們所欺侮。打鼓嶺區居民為了抵抗他們的襲擊，便組織鄉約聯盟，名為打鼓嶺六約，聯手抗衡。於是打鼓嶺六約村民在簡頭圍附近的小山丘上，設立一個皮製大鼓，若遭受黃貝嶺村民來犯，便立刻奮力擊鼓通知區內民眾，拿起武器，群起抗敵。由於擊鼓衛約成了本區的一大特色，因此該小山丘得名「打鼓嶺」，之後更成為該區的統稱。[44]

再有一說法則與海盜有關。由於香港位處海上交通要衝，海岸線漫長，島嶼星羅棋布，難以防衛。自古以來，海盜為禍頗大，香港有關海盜的史蹟和傳說特別多，[45] 尤以清初為甚。廣東海防薄弱，沿

---

41 〈山水略．山〉，（嘉慶）《新安縣志》，卷四。

42 屈大均：《廣東新語》冊上（北京：中華書局，1985），頁 65-127。

43 梁炳華：《北區風物志》（香港：北區區議會，1994），頁 38。

44 黃競聰：〈香港新界鄉民械鬥研究〉，載胡春惠、劉祥光編：《2014 兩岸三地歷史學研究生研討會論文集》（香港：香港珠海學院亞洲研究中心，2014），頁 291-302。

45 香港島得名由來，也跟海盜扣上關係。傳說嘉慶年間，海盜林某與其妻香姑曾肆虐伶仃洋一帶，後來為李長庚所敗。林某敗走，香姑轉而盤據香港島，故以其名字命名。

海海盜為患，本區居民為保家園，協作輪流巡村。假如發現海盜蹤跡，隨即鳴鼓通知附近所有村民早作防禦，故以打鼓嶺命名。[46] 總的來說，後兩種說法均與打鼓有關，另一說法則與地理有關。

更有趣的是，香港地區不獨新界北區有打鼓嶺，九龍半島同樣有一條街道名為打鼓嶺道。兩者雖同名，但命名由來則各異。據說，早在清朝年間，村民在九龍寨城以南聚居，最初只有三數戶人家，後來陸續有外來者遷入，形成聚落。村民多以更夫為業，又云村民常登山打鼓作樂，遂稱此村為打鼓嶺村。[47] 蕭國健教授研究，打鼓嶺村位於九龍寨城衙門南門正面，每當有朝廷官員從龍津碼頭登岸，村民就敲鑼打鼓，以示歡迎，因而命名該村為打鼓嶺村。[48]

從前九龍城有小山丘數座，相傳其中一小丘上有奇石，以木棍敲擊，居然有銅鼓之聲，遂稱此小丘為銅鼓山，鄰近兩條村落分別為石鼓壟村和打鼓嶺村。考銅鼓山一名僅見於九龍城侯王廟道光年重修碑記，其文云：「且試登斯廟之亭，左望珓杯之石，右瞻銅鼓之山，前皇臺，後仙岩，松風繞韻，澗水流香。」[49] 從 1920 年代的政府舊地圖可見，打鼓嶺村與石鼓壟村附近未有標示銅鼓山一名。從碑記文字推測，此山丘應指打鼓嶺村以北之小丘。二次大戰期間，打鼓嶺村與

---

46 梁炳華：《北區風物志》，頁 38。

47 〈兩個打鼓嶺各有各鼓〉，《信報》，2016 年 1 月 6 日。

48 蕭國健：《寨城印痕 —— 九龍城歷史與古蹟》（香港：中華書局，2014），頁 170-180。

49 科大衛、陸鴻基、吳倫霓霞編：《香港碑銘彙編》（香港：香港市政局，1986），頁 75-76。

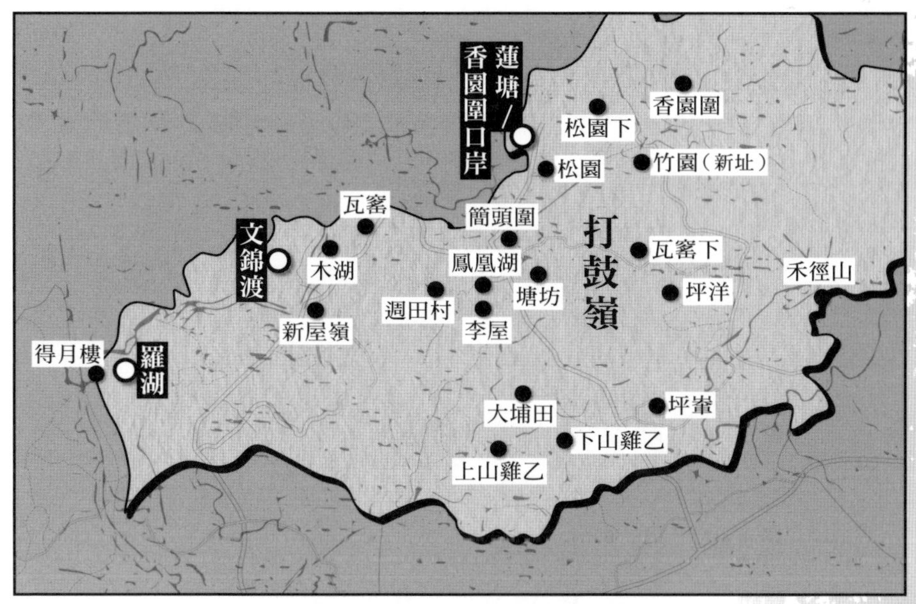


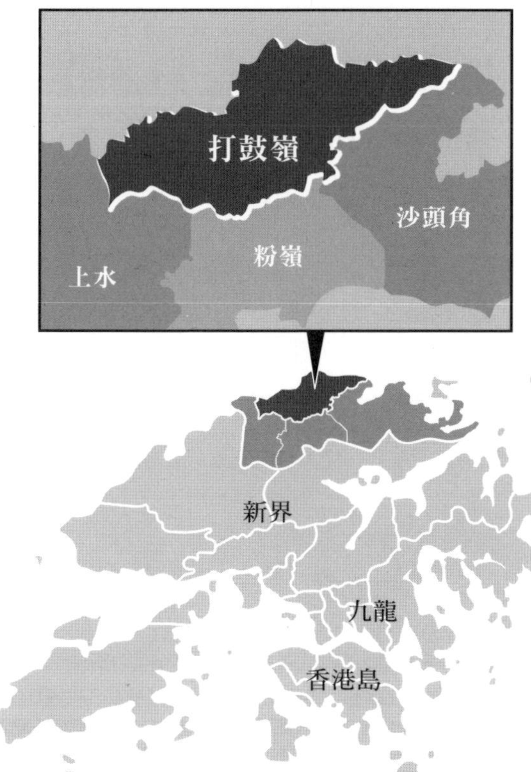


圖 1-1　打鼓嶺於香港新界北區（上粉沙打）位置及打鼓嶺村落位置示意圖（陳佩珍繪製）

石鼓壟村被日軍拆遷，闢作擴建啟德機場。滄海桑田，銅鼓山位置就在今日摩士公園附近。

## ■ 第三節 ■ 遷海前新界北區之發展

### 一、遷界前新界宗族發展

香港本是越、傜、輋等土著聚居之地，分布於閩、浙、粵一帶，以刀耕火種為業，所耕梯田稱為輋田。輋民原稱「畲」。按《廣東新語》載，傜和輋本為同族，[50] 兩者最大之分別是前者接受官府管轄，簡單來說，即是願意繳交賦稅；後者則歸山長管理。[51] 現時新界仍有多處以「輋」命名的地方，位於打鼓嶺區的坪輋便是一例，疑為古時已有輋民居住。[52] 隨着朝廷力量從中原伸展而至，香港由蠻越之地，角色越趨吃重，逐漸升格為郡縣。

唐代，屯門為廣州市舶司之外港，曾設軍鎮駐兵守衛，保護商船往來。宋代在大嶼山及九龍設置官方鹽場，朝廷派鹽官管理，專責鹽務稅收事宜。後因北方多故、或人口膨脹、或外族外侵、或天災人

---

50 明代鄺露《赤雅》載，「傜名輋客，古八蠻之種」。可見輋為傜的其中一支。詳見蕭國健：《香港古代史》（修訂版），頁 76。

51 屈大均：《廣東新語》冊上（北京：中華書局，1985），頁 243。〈人語〉，「輋人」條載：「輋，巢居也。其有長有丁有山官者。稍輸山賦，賦以刀為準者曰猺。」

52 據香港政府 1975 年出版的地名辭典（A Gazetteer of Places Names），香港地區有以「輋」字作鄉村名稱者有：沙田區禾輋（分為上禾輋、下禾輋兩村）、西貢區南輋（蛇）、大網仔輋頭、坪洲輋腳下、濠涌橫輋、東涌藍輋、大帽山芒輋等。詳見林天蔚編著：《地方文獻論文》（海口：南方出版社，2002），頁 516-529。

禍等，中原人士輾轉南遷。位於廣東邊陲之香港頓成人間樂土，加上區內有鹽、珠、香、茶之利，平原谷地可務農為業，沿岸地區可捕魚和燒灰。[53] 至宋明時期，他們陸續入遷香港，漸與土著同化與融合，形成不同的族系。可惜香港遠離中原地區，缺乏官府文獻紀錄，僅從考古、輿圖和族譜等資料內找到零碎的資料。

明代以前，輿圖有記錄香港地區者已不多見。[54] 輿圖多有記載官富巡司一名。蓋因宋代，本港已設置官富場，以鹽官駐守；明代改置官富巡司，以巡檢一名管區內民政。該巡司設於九龍半島，明初設弓兵 50 名。萬曆十五年（1887）裁至 26 名，是為本區民防主力。[55] 官富為其時之行政單位，其轄區包括香港全境，故官富巡檢司之名，必在其時之輿圖上記載。明代中葉出版《粵大記》，所記錄香港之地名，共有 74 個，證明本港發展不俗，已有不少人口。[56] 可考香港島地名凡七，九龍半島凡四，其他均屬新界地區，位於新界北區的有鹿頸和荔枝窩。[57]

《粵大記》所記錄之香港地名，多位於離島及濱海之地，錦田、屯門、粉嶺和上水等內陸村落未有在《粵大記》內紀錄。蓋因香港海

---

53　蕭國健：《香港歷史與社會》，頁 37-44。

54　明初輿圖甚簡，地形多與真實者大異。圖中所載之地不多，皆因須切合當時環境需要而增刪。早期輿圖較拙，圖形較簡；後期輿圖精密準確，經過精細繪測勘察而成，部分可與近代之測量媲美。

55　蕭國健：《明清兩朝有關香港地區之古輿圖》（香港：顯朝書室，2013），頁 10。

56　所謂「路是人行出來的」，有地名表示該處經常有人往返，因而命名，以方便他人。

57　（明）郭棐：《粵大記》，卷三十二，政事類，政防卷末，廣東沿海圖香港部分。

岸曲折，灣澳和海島甚多，海門險要，為進出閩粵必經之地，無論是海防或經濟貿易皆佔有重要的位置。亦因此，其時輿圖多重沿海島嶼、灣澳及海門之繪錄，部分對風向及水程、灣泊情況也有紀錄。事實上，古代地圖多由富經驗的航海者編製，應用於導航，故特別重視海島及海門之紀錄。因此明清記載本港之輿圖中，對本港地名記載常有增減，與族譜相較之下就更為明顯。

按蕭國健教授整理新界族譜資料所得，明代以前新界地區最少有八姓遷入定居，分別是鄧氏、林氏、侯氏、吳氏、彭氏、陶氏、文氏和廖氏。大部分族群選擇在新界平原地帶定居，[58] 而打鼓嶺尚未有宗族聚居之紀錄。新界之地理條件優良，有利家族發展。部分遷入的家族歷數代，人口繁衍，有能力分遷建村。據《錦田鄧師儉堂家譜》載，鄧符協在宋神宗二年到錦田。其孫珪，生二子名元英和元僖，分遷東莞竹園和雁田。另一孫名瑞，生三子元禎、元亮及元和。元和子孫遷入東莞懷德；元禎子孫分遷屏山；惟元亮子孫留居錦田。此為鄧族五元祖或稱五大房。今大的龍躍頭、廈村和大埔頭的鄧族亦是由錦田鄧族分遷出來。

明中葉至清初，龍躍頭鄧族已是新界東部的大宗族。其擁有之土地北至深圳、南及九龍、東達西貢，同時也控制了鄰近大埔墟。然而，翻查《龍躍頭鄧氏族譜》，龍躍頭鄧族發展初期曾為地方豪強所欺，掠奪了他們的土地。據科大衛研究，族譜所指地方豪強應為何真

58 蕭國健：《香港古代史》，頁 103-108。

家族。何真（1322-1388）為東莞官員，據坭崗，即今之深圳筍岡側。元至正十四年至二十六年（1348-1360），何真先後平定東莞禍亂，並綏靖廣東各縣，且把地方貢物運回朝廷，因而得到重用。是故他在短短數年間，得以功授惠陽路同知廣東都元帥、廣東分省參政和資德大夫行省左丞。[59]

據《盧江郡何氏家記》載，「元己亥至正十九年，命沈惠存築守梅林營，命堂叔漢賢築守赤嶺營，命歐孟素築守黎洞營，命林一石築守林村營，命鄒子能築守岑田營，命二兄築守黃坑營……」[60] 文中所記黎洞即今萊洞、岑田即今錦田，而赤嶺、林村皆為今新界地名。何真家族勢力遍及新界地區。新界北區侯氏亦曾為其部下，證諸《香港新界侯氏族譜》云：「元九世祖仲名，其長子子雄，因何布政與集軍政在病故；次子子弘，因何布政與集軍政到增城義殞」[61] 文中所提及何布政疑是何真。

---

59 何崇祖：《盧江郡何氏家記》（《玄覽堂叢書》本；台北：台灣國立中央圖書館輯，1985），第 201 冊，頁 317。《盧江郡何氏家記》（以下簡稱《家記》）由東莞伯何真第五子何崇祖於宣德九年輯錄，流傳至今的是其裔孫何漸逞在萬曆三十二年（1604）的重抄本。今人鄭振鐸收入《玄覽堂叢書續集》並影印出版。據何崇祖序，《家記》原本出自何真，「洪武五年（1372），公事餘，輯錄家記與義祠遺訓」，曾出示給宋濂閱覽。洪武二十年，何真獲封東莞伯，命子崇祖「攜家記並遺訓及詩文回惠，藏於義祠」。六年後，洪武二十六年（1393），何氏受藍玉案牽連，「闔族喪於非命，祠廢記亡」。朱元璋大赦，何崇祖得以「苟幸一生，復見天日」。至八十餘歲始將散佚的《家記》輯錄成篇。此書記錄何真反元、降明及其後各子散居東莞和寶安各地的情況。

60 譚思敏：《香港新界侯族的建構》（香港：中華書局，2012），頁 19。

61 新界侯氏族譜委員會編：《香港新界侯氏族譜》（香港：新界侯氏族譜委員會，1985），頁 10。

洪武十九年（1387），明太祖封何真為東莞伯。何真死後，其子何榮襲東莞伯職。他本是涼國公藍玉部將。洪武二十六年（1393），何榮因涉嫌與藍玉謀反案有關，引致滿門抄斬。何榮、何貴兄弟等皆被誅，連帶有姻親關係的新界錦田鄧族也受波及。錦田鄧洪贄娶何真弟何迪之女為妻。藍玉案發生後，何迪既為何榮叔父，恐禍及己身，乃率眾叛亂，終兵敗身亡。鄧洪贄亦受株連，被判充軍，其兄鄧洪儀擔心鄧洪贄品性愚鈍，此行必然九死一生；加上鄧洪贄並無子嗣，而鄧洪儀娶張氏，已有子欽、鎮、銳三子，故冒名頂替充軍至黑龍江。「代弟充軍」的故事記載於《錦田鄧氏師儉堂族譜》，成為後世美談，是兄友弟恭的典範。[62]

後來，朝廷查明何真家族與藍玉造反案無關，終得平反，然而其勢力已大不如前。不少學者研究，何真家族勢力衰落，原本依附何氏之新界宗族乘隙爭奪，擴展勢力。新界北區侯氏也是當中的受惠者，證諸在何真家族被抄十數年間，侯氏一族在河上鄉和谷豐開基建村。從地理形勢方面，河上鄉背靠排峰山，前臨雙魚河，且有石上河和梧桐河流經其間，便利水利灌溉，使上水侯族在遷海前已發展不

62 鄧洪儀充軍三年，期滿後放還回鄉，步行至江南一貧如洗，靠題詩行乞，以濟困境。有富翁陳氏見鄧氏其文章談吐俱佳，聘任其為私塾教師，更將其養女黃氏許配給鄧氏。黃氏生一子名鍚，後鄧氏離世，陳翁代為火化，着黃氏將骨灰歸還錦田。黃氏返錦田，憑紙扇相認。扇中記載鄧洪儀生前代弟充軍，流離江南和娶黃氏等生前事蹟。一年後，鍚意外身亡，黃氏頓入空門。欽、鎮、銳三子合資建凌雲靜室，即今之凌雲寺，以供黃氏禮佛修行。為免鄧鍚後繼無人，欽有三子，遂將次子廣海過繼於鍚。康熙年間，鎮、銳、鍚後人將三公苛祀，在北圍建鎮銳鍚鄧公祠，又稱茂荊堂。詳見李君籌主編：《錦田十年一屆酬恩建醮特刊》（香港：錦田十年一屆酬恩建醮委員會，2005），頁 23。

圖 1-2　明初何真家族受藍玉案牽連，其後裔四散他地，其中一支在明代末年遷入打鼓嶺，建立松園下。圖為重修前的松園下何氏宗祠。

俗。何真後裔為避抄家之禍四散他地，其中一支在明代末年遷入打鼓嶺，建立松園下。

遷海前，粉嶺上水盆地已吸引河上鄉侯氏、上水廖氏、粉嶺彭氏、龍躍頭鄧氏等聚居成村，逐漸發展為新界北區之大宗族。譚思敏《香港新界侯族的建構》中，發現侯氏與廖氏兩族常有鬥爭，雖互有勝負，但在遷海前以侯氏勢力較強。河上鄉鄰近建有天光崗，由侯族控制，是為上水區最大型的墟市。新界侯族逐漸把勢力擴展至打鼓嶺一帶，部分遷入坪輋以南之孔嶺村，深圳河以北也建有羅坊。侯族之墳地散置於打鼓嶺一帶，可考者一在新屋嶺旁山丘，另一個墓地則在坪輋。

## 二、遷界前新界打鼓嶺之發展

遷海以前，打鼓嶺區人口稀少，可考最早遷入打鼓嶺區之姓氏為李、萬和杜等。由於該區鄰近深圳，無崇山峻嶺之阻，只隔一深圳河，故遷入者多來自深圳、鹽田、沙頭角、興寧、惠州等處，並以長樂和東莞遷入者居多。[63] 反觀打鼓嶺以西，上水有新界侯氏和廖氏兩族虎踞，新界西部宗族暫未有遷入的紀錄。部分宗族在打鼓嶺區開基建村，經過幾代努力，逐漸繁衍，累積財力，便會選擇分遷其他地方。如打鼓嶺區杜氏分別在木湖和老鼠嶺建村；又如萬氏在該區散居建村的範圍更廣，包括：塘坊、香園圍和坪輋等。

---

63 黃佩佳：《新界風土名勝大觀》（香港：商務印書館，2016），頁 108-118。

打鼓嶺區鄰近深圳河以北有黃貝嶺張氏，新界北區則有上水侯氏和廖氏。打鼓嶺居民為求增加勢力，故聯合他姓聚居，因此打鼓嶺區以雜姓村落居多。部分先來建村的宗族為擴展勢力，本着「同姓三分親」，歡迎來自不同地方的同姓村民一起聚居。早於明代末年，已有宗族陸續遷入打鼓嶺區，可考者包括：禾徑山、新屋嶺、坪洋、山雞乙、李屋、大埔田、老鼠嶺、松園下、竹園和坪輋。

第　二　章

# 復界後新界打鼓嶺區之發展

## ■ 第一節 ■　遷海之禍

清初順治十二年（1655），粵東一帶海氛日熾，東有鄭成功進犯潮州，據揭陽為巢穴，沿海居民屢屢接濟；西有陳奇策和馮士騮等為患，廣東水師總兵孫一鵾和水師左營遊擊劉良卿相繼戰敗身亡，清軍死傷枕藉，哨船損失慘重。[1] 清廷為切斷鄭成功與沿海地區的聯繫，頒禁海令，斷鄭軍之物資供應。禁海令擴及浙江、福建、廣東、江南、山東、天津等沿海之地。新安縣亦增強兵力，大鵬所防守營增添把總一員（正七品），兵額增至 500 名。[2] 及後清廷進一步雷厲風行，

---

1　平南王尚可喜上言，指粵東原有哨船 700 多隻，其時只剩下 200 餘隻，建議打造戰船 200 艘，以固防務。詳見蕭國健：《清初遷海前後香港之社會變遷》。

2　順治初年，大鵬所防守營原設防守千總一員，兵額 300 名。詳見（清）靳文謨：《新安縣志》，卷十二，經政四兵制大鵬所防守營條。

然而卻成效不大。[3]

順治十六年（1659），鄭成功佔據台灣繼續抗清，沿海居民不斷支援台灣鄭氏。沿海地方政府在實行遷界前，已經採取了把海濱居民趕入內地的措施。遷界令在鄰近台灣的浙江、福建和廣東沿海地區執行尤為嚴厲；反之，遷海政策在江蘇以北執行相對較為寬鬆。[4] 遷海令實施時間倉促，村民未有充足的準備。《新安縣志》載：「民初不知遷界之事，雖先示諭，而民不知徙。及兵至，多棄其貲，携妻挈子，野棲露處，有死喪者，有遁入東莞、歸善及流遠方，不計道里者。」[5]

康熙二年（1663）再加強遷海令，並設沿河塘營，撥兵防守。[6] 兩廣總督專轄廣東，翌年兩廣總督兼轄兩廣。[7] 遷海令期間，清廷為防居民冒死回區居住，設墩台守界。清廷限定時日畫界，界外皆遷，並立碑警示。如無許可，出界者或以通敵論罪。若有居民私潛出界，即以烽火、號炮或燈號示警，鄰近駐軍即馳往圍剿。[8] 康熙三年（1664），三度加強遷海政策。清廷增強防務，新安營原設 500 兵，

---

3 詳見《清實錄》第 3（中國：中華書局，1985），頁 789。

4 福建總督姚啟聖奏疏中云：「在當日原因福建海賊猖獗而議遷界，又因賊勢蔓延止遷福建一省之界不足困賊，故並遷及廣東、浙江、江南、山東、北直五省之界，是遷五省之界者其禍實始于福建之鄭賊也。」詳見《閩頌彙編．憂畏軒奏疏（總督福建少保兵部尚書姚公奏疏）卷六》。

5 （清）靳文謨：〈兵刑志〉，《新安縣志》，卷八，頁 3-4。

6 馬金科主編：《早期香港史研究資料選輯》（上冊）（香港：三聯書店，1995），頁 144。

7 錢實甫編：《清代職官年表》（北京：中華書局，1980），頁 1507-1508。

8 蕭國健：《清初遷海前後香港之社會變遷》，頁 105-112。

後增駐兵 1000 名。武將添游擊一員（從三品）、中軍守備一員（正五品）、千總二員（正六品）、把總四員（正七品）。[9] 同年，廣東設水師提督駐守順德。康熙五年（1666），新安縣正式被裁，併入東莞縣。[10]

香港隸屬新安縣，自不能幸免，打鼓嶺區悉位於遷界範圍內。遷界範圍「西北自新田等村為起點，東北則以沙頭角等村為起點，南部諸鄉村，皆位被遷之列，港島及鄰近各島亦嘗一度荒廢」。清兵盡把香港區內房屋拆毀，以絕居民回區之心，致使前代文物建築無存。按杜臻《粵閩巡視紀略》對新安縣所遷之地，記錄甚詳細，位於打鼓嶺區內包括：香橼圍（香園圍）、平崋（坪輋）、螺湖（羅湖）等。[11] 從書中地圖所見，錄有新界北區之狀況，載有粉壁嶺（粉嶺）、馬鞍山和穀豐嶺（谷豐嶺），地名以上有一條河流，相信是深圳河。[12]

按《香港新界躍頭溫氏族譜溫煥泰之移村記》云：「……插旗定界，拆房屋，驅黎民遷界內；設墩台，鑿界埂，置兵禁守，杜民出入，越界者解官處死，歸界者糧空絕生。祖孫相承之世業，一旦擯之，而猿啼死生，世守之墓宅一朝舍之而鶴唳。家家宿露，在在

---

9 （清・嘉慶）舒懋官：《新安縣志》，卷十一，經政四兵制本營（新安縣）兵康熙三年條。

10 蕭國健：《清初遷海前後香港之社會變遷》，頁 105-112。

11 蕭國健：《清初遷海前後香港之社會變遷》，頁 112-114。

12 書中附有沿海總圖，分為〈廣東沿海總圖〉和〈福建沿海總圖〉。〈廣東沿海總圖〉共有 12 幅，其中第 5 幅為本港及鄰近之地。蕭國健：《明清兩朝有關香港地區之古輿圖》，頁 37-39。

鳩形；初移一次，尚有餘粟，再移之後，曾幾晏然……」[13] 可見遷海之禍導致新界地區居民流離失所，哀鴻遍野。其時，香港形如廢墟，引來海寇盤踞，計有周玉、李榮、袁四都和蘇利之擾。康熙三年（1664）八月，袁四都不守遷界令，匿潛香港新界地區瀝源，四出流劫。[14]

康熙四年（1665），廣東巡撫王來任奏請復界；[15] 康熙七年（1668），王來任病卒，遺疏仍力陳遷界的弊端和遷民流離失所的苦況。繼有兩廣總督周有德勘界，請求復界。蓋因有周王二公之倡議，清廷漸知東南沿海居民受遷界之苦，遂下詔查察沿海境況，故提早於康熙八年（1669），居民遂得遷回故地。[16] 康熙二十二年（1683），鄭克塽降清。翌年（1684）廢除遷海令，始盡復界，准許內遷居民返回原居地。展界以後，居民因感周、王二公之德，錦田鄧氏建周王二公書院。[17] 康熙廿四年（1685），周王二公書院竣工，隨即釐定十年一屆設壇建醮，並名為「酬恩建醮」。[18] 新安縣居民生活漸復舊觀，廣

---

13 蕭國健：《香港古代史》，頁 60-65。

14 （清）靳文謨：〈寇盜條〉，《新安縣志》，卷十四，頁 120。

15 周有德，字彝初，漢軍鑲紅旗人。自 1664 年任山東巡撫；後於 1668 年 1 月 30 日至 1670 年 2 月 6 日期間，奉旨接替盧興祖擔任廣東廣西總督，全名為「總督兩廣等處地方提督軍務、糧饟兼巡撫事」，是兼轄廣西地區的廣東、廣西兩省之最高統治者，亦為清朝封疆大吏一員。

16 蕭國健：《清初遷海前後香港之社會變遷》，頁 92-150。

17 周王二公書院曾多次重建，分別於乾隆九年（1774）、道光四年（1824）、1935 年、1965 年、2005 年及 2015 年。

18 蕭國健：〈錦田周王二公書院〉，《香港的歷史與文物》（香港：明報出版社，1997），頁 150-159。

東沿海各縣居民紛紛建祠，以感謝周王二公之恩。

遷海令對於嶺南、福建等地，堪稱劫禍，其於社會民生之破壞甚深。蓋海禁之後，人民流離失所，抗遷或越界者，更遭鎮壓捕殺。有謂：「麾兵折界，期三日盡夷其地，空其人民。」[19] 遷居其間，人竄物亂，傷亡不少。性命以外，原來之田地、漁船、竈、窰等，無不荒廢。遷海政策對於漁農等生產作業之破壞，自不待言矣。

## ■ 第二節 ■　客族入遷與打鼓嶺區發展

自遷海政策實施以後，無損鄭氏政權在台灣自立。相反遷海政策不得民心，破壞沿海經濟，甚至迫使沿海居民與反清軍隊合作。康熙八年（1669），清政府復置新安縣，重設官富巡檢司。[20] 新安縣轄地有 2,364 平方公里，境內分三鄉，分別是思德鄉、延福鄉和歸城鄉，內分七都，共 57 圖，509 條村莊。巡檢司設署於赤尾村。[21] 香港地區位於五、六都的範圍，打鼓嶺區位於第六都，屬於歸城鄉。[22] 復界初期，土地荒蕪，回遷的香港地區居民為數不多。[23] 按《新安縣志》的人口紀錄，崇禎十五年（1642），新安縣居民達 17,871 丁口。康熙三年

19　屈大均：〈地語〉，《廣東新語》，卷二，遷海條。

20　蕭國健：《香港歷史與社會》，頁 111-115。

21　蕭國健：《香港前代社會》，（香港：中華書局，1990），頁 28。

22　蕭國健：《清初遷海前後香港之社會變遷》，頁 170-182。

23　蕭國健：《香港古代史》，頁 66。

實施第二次遷海後，新安縣只剩 2,172 丁口；至六年（1667），亦只有 2,255 名男子及 1,412 名女子。展界後，康熙十一年（1672），新安縣只剩 3,972 人。[24]

康熙末年，新安縣位屬五都和六都的村落共計 225 條，而重建的香港村落只有 127 條。打鼓嶺區回遷建村計有坪源村、鳳凰湖、松園下和山雞鬱等。[25] 按嘉慶年間出版之《新安縣志》，新安縣分為典史管屬村莊、典史管屬客籍村莊、縣丞管屬村莊、縣丞管屬客籍村莊、官富司管屬村莊、官富司管屬客籍村莊、福永管屬村莊及福永管屬客籍村莊。香港村落分屬官富司管屬村莊和官富司管屬客籍村莊。[26] 比較兩本《新安縣志》，兩書對村落分類有異，前者是以鄉、都、圖分類，後者則將村落劃為土、客兩大類。

土著在官方眼中，即遷界以前已居於當地的居民。今日稱為廣府人，或稱本地人。施志明指出，土著、廣府與本地的代表意義是不同的。土著原指早期入住本區的先民，以傜、輋為主，也有在濱海地域居住或海上作業的居民，大多稱蜑；廣府則是地域的觀念，原指廣州和珠江三角洲一帶的地區。一般而言，這批遷界前的居民籍貫多是廣東、江西和福建，甚至遠至河南、四川。自宋代以還，因着諸般的因素，陸續南遷入香港，與原先居住的傜、輋和蜑等長時期融和，構

24 劉智鵬、劉蜀永編：《《新安縣志》香港史料選》（香港：和平圖書，2007），頁 102。

25 蕭國健：《清初遷海前後香港之社會變遷》，頁 176-178。

26 黃展樑：〈清代廣東的科舉．族群．社會 ——以《新安客籍例案錄》為中心〉，載王成勉編：《雙中薈 ——歷史學青年學者論壇》（台灣：新銳文創，2013），頁 34-60。

### 表 2.1 《新安縣志》版有關打鼓嶺區村落的記錄

| 官富司管屬村莊 | 官富司管屬客籍村莊 |
|---|---|
| 1. 淵頭圍 | 1. 香園 |
| 2. 鳳凰湖 | 2. 禾徑山 |
| 3. 週田村 | 3. 鳳凰湖 |
| 4. 李屋村 | 4. 平洋 |
| 5. 平源村 | 5. 松園 |
| 6. 大莆田 | |
| 7. 山雞鬱 | |
| 8. 塘坊村 | |
| 9. 松園下 | |
| 10. 木湖圍 | |
| 11. 新屋嶺 | |

成「我中有你，你中有我」的內涵；本地人則意指居住在本地的原住民，是主與客的相對觀念。[27]三者的結合源自遷界以後大批新移民湧入所帶來的互動關係，產生身份認同。

客籍人士則專指遷界以後來港定居的新移民，他們多來自五華、興寧和梅縣等地。不少學者嘗試從不同的層面（言語系統、生活習慣和地域）去分辨土、客之別，但在實際操作上，土與客的身份是

27　施志明：《本土論俗：新界華人傳統風俗》（香港：中華書局，2016），頁 20-24。

由官方賦予，以遷入時間先後作為準則。如前文所述，南遷者客居香港境內，初為客籍，歷數代落籍後，身份得以轉變為原居民。

復界後，勢力較強的宗族率先返回舊有的領地，重建家園。時移世易，遷海前居住在新界的客籍人士「反客為主」，稱為本地人。新界人口銳減，土地荒廢，農作物收成減少，導致國家稅收大減。清廷唯有改變策略，推出優惠政策，吸引他縣農民來港定居。[28] 如新入遷者享有客籍學額，不用返回原籍考科舉。[29] 因肥沃之地早被回遷居民所佔，故新入遷者只能選擇較貧瘠地域聚居，如大埔、林村、沙田、屯門、荃灣及西貢等，[30] 或聚居於回遷大宗族鄰近地域，如元朗、錦田、上水等。我們稱復界後新入遷者為客家人，所建立的村落稱為客籍村莊。[31]

清雍、乾年間，從外地遷入者可分三系：一，自廣東的東、韓二江流域遷入；二，自廣東惠州、潮州一帶遷入，操客語，俗稱客

28 「康熙九年七月，知縣李可成蒞任，下車伊始，見遷民未歸者尚眾，其一二新復殘黎，亦無廬舍棲止，欷歔久之。因而多方招集，集心撫守，民乃多賦歸來……」又同書同卷論曰條載：「及復歸，死喪已過半；幸而歸者，牛種無資，編茅不備，亦不易以安生也。李侯給勸耕，悉心招徠，煩刑苛政，槩無擾之，春台有其漸矣。」

29 清末新安舉人何肇椿撰〈新安縣土客合率官立高等小學堂例序〉云：「新安僻處海隅，而籍有土、客……緣國初，土廣人稀，招墾軍田；客民由江西、福建及惠、潮、嘉等處，負來橫經，相率而至。康熙十五年，奉例開設軍籍考試，自為棄取，於土籍無與也。」詳見卜永堅：〈史料介紹——《新安客籍例案錄》〉，頁 34。

30 蕭國健：《清初遷海前後香港之社會變遷》，頁 194-195。

31 蕭國健：《香港古代史》，頁 84-86。

圖 2-1　每逢重陽節，上水侯氏前往木湖村後山祭祖。

族；三，自福建沿海一帶遷入，俗稱福佬，操漳潮語系。[32] 因肥沃之地早被回遷居民所佔，故新遷入者只能選擇較貧瘠地域聚居。打鼓嶺區於康雍乾年間建村者，如山雞乙村蔡氏和劉氏、竹園邱氏和香園圍萬氏。[33] 客族居民於本區建村，無論人口和經濟能力，均難以與回遷大族抗衡，部分依附在大宗族邊緣建村，或寄人籬下為佃農。按《新安縣志》載，客籍人士大量入遷，區內村落由原來 127 條，增至 336 條；新增客籍村莊佔 128 條，大部分聚居在新界地區。[34] 經過多年的休養生息，迄至嘉慶二十三年（1818）丁口已達 225,979，其中男丁 146,922 人，女子 79,057 人，人口的增長可謂驚人。[35]

復界前後，新界宗族的勢力互有消長。按《香港新界侯族族譜》的紀錄，上水河上鄉侯氏在清二十世祖開始出現失系的情況，出現「二十一世至二十五世未詳」等語句，所處年分剛好是遷界之後數十年間，推斷侯氏另尋地方落籍不回，或在逃難過程中死去，以至人丁大量流失，無法有系統地在族譜內紀錄。新界侯氏在遷界後未及恢復實力，導致其他宗族乘勢而起，令侯氏喪失了大量土地和勢力。其他

---

32 福佬又稱鶴佬，原定居福建閩南，因戰亂等因素陸續南遷，後移居潮汕，南至香港地區。福佬分為新舊兩支，舊族遷自莆田者，新族來自漳泉者。詳見蕭國健：《香港古代史》，頁 79。

33 蕭國健：《香港新界北部鄉村之歷史與風貌》（香港：顯朝書室，2010），頁 73-76。

34 蕭國健：《清初遷海前後香港之社會變遷》，頁 194-195。

35 馬金科主編：《早期香港史研究資料選輯》（上冊），頁 31。

新界大宗族中亦有類似的情況。同樣地，龍躍頭鄧氏的部分土地歸入上水廖氏名下，可見在遷海後各大宗族的勢力分布重組。另外，亦有新界宗族懂得買通駐守官員，可以在界外居住，此舉稱為「賣界」。[36] 上水廖氏把握時勢，乘着族內成員考取功名，藉此拓展勢力。

## ■ 第三節 ■ 六約與械鬥

### 一、新界鄉村械鬥成因

乾隆以後，大量客籍人士入遷，新界人口大幅增加，這次移民潮較過去的有過之而無不及。從前，遷入者因着不同的原因移居本地，屬於個人意願。初到貴境人力資源處於劣勢，只能融入原住民的生活習慣，以免發生衝突。這次移民潮則大不相同。客籍人士在官方的政策主導下，在經濟能力和人口比例上難勝過本地人，但客籍人士通過聯鄉結盟，互相支援，反而有一拼之力。客籍人士保存自己的生活習俗，免受同化。從另一角度看，這批「新移民」的遷入，令本地人的既得利益受損，成為武裝衝突的伏線。

清咸豐年間，廣東地區發生史無前例的土客械鬥，禍延 13 年，波及 17 縣，死傷不計其數。[37] 其時，新界雖隸屬新安縣，但遠離土

---

36 香港龍躍頭《溫氏族譜》中的〈移村記〉。

37 劉平：《被遺忘的戰爭：咸豐同治年間廣東土客大械鬥研究》（北京：商務印書館，2003），頁 87-93。

客械鬥的主戰場。[38] 本地人與客家人之間未見因「身份問題」產生矛盾，更多是為了「權利的獨佔問題」而導致民間械鬥。新界各區經常發生小規模的械鬥事件，只是牽涉範圍不大，故沒有驚動官方。由於客籍村落大多勢孤力弱，與新界大族械鬥，無論人力和資源上均落在下風，單憑一村之力根本無法抵抗。為此，客籍村落聯合附近客籍村落，或與弱小本地村落組成鄉約聯盟，藉此跟本地大宗族互相抗衡。

> ……為小事而爭吵以至械鬥，如婦女在山上割草斬柴被人嘹（調戲），回家告訴村中之男子，因而發生衝突，常有村中青年埋伏，手拿武器，見對方的人就打……[39]

由此可見，從前新界鄉村更多為資源爭奪，終演變為武裝衝突。又如舊竹園村口原有四座羅氏古墓，屬於深圳羅芳村羅氏的墓地，[40] 離其墓地不遠處則有鄧氏墳墓三座，[41] 鄧氏及羅氏的墓穴位置非

38 按日本學者瀨川昌久《客家：華南漢族的族群及其邊界》，整理過往學者研究新界各區大規模的械鬥紀錄，發現械鬥最劇烈時期集中在清中葉以後，但規模不及咸豐年間土客之爭。

39 《北區文獻》，1982 年 6 月 7 日，鍾國材先生訪問

40 羅氏墓上書「宋太祖考映筲有成符君羅公之墓」。詳見阮志：《入境問禁：香港邊境禁區史》，頁 104。

41 一座為同治十三年（1874）及兩座沒有年份紀錄的鄧氏墓地。

圖 2-2　新界村落建有義祠，多附設於廟宇旁邊，供奉因參與械鬥而殉難的護土烈士牌位。除了坪源天后廟義祠，還有八鄉古廟忠精祠、十八鄉大樹下天后廟旁英勇祠、城門新村關帝廟和荃灣鄉天后古廟義祠等。

常接近，據稱兩族在清末曾爭奪風水寶地。[42]

## 二、六約與鄰近鄉約之械鬥

清中葉，深圳黃貝嶺人多勢眾，打鼓嶺區村落人丁相對單薄，無法抵禦他們的襲擊，遂組織打鼓嶺六約，聯手抗衡。打鼓嶺六約屬於客家及本地鄉約的聯盟，勢力橫跨今深圳與打鼓嶺區。該區位處平（坪）原河一帶，故村落聯盟稱為坪源鄉或坪源約，以坪源天后廟為祭祀中心。今坪源天后廟藏有一口乾隆廿一年（1756）銅鐘，銘文刻有「坪源合鄉」明顯指的是鄰近坪源河村落組成的村落聯盟，推斷是打鼓嶺六約之雛型。[43]

---

42 據傳說，當時較為富裕的西嶺下鄧氏（與龍躍頭鄧氏同宗）曾命羅氏兩名婦女將羅氏的界石抬至鄧氏墓穴前，如能抬過鄧氏墓地而未生事，便可安葬在該處風水穴。結果，羅氏婦人將一塊大界石抬過其風水穴。鄧氏遵守承諾，准許羅氏建墓。大界石下原埋有金塔。以上傳說雖然沒有憑證，但是可從中了解大族曾在此爭奪風水穴。阮志：《入境問禁：香港邊境禁區史》，頁 103-104。

43 科大衛、陸鴻基、吳倫霓霞合編：《香港碑銘匯編》（香港：香港市政局，1986），頁 670。

### 表 2.2　打鼓嶺六約之村落[44]

| 約 | 村落 | 姓氏 | 原居地 | 遷入年代 | 備註 |
|---|---|---|---|---|---|
| 第一約 | 禾徑山 | 傅 | 博羅 | 明崇禎七年 | |
| | 坪洋 | 陳 | 五華 | 明崇禎年間 | |
| | 瓦窰下 | 陳 | 五華 | 明崇禎年間 | 陟乾公後人建立 |
| 第二約 | 山雞乙上村、下村 | 林 | 東莞 | 明正德年間 | |
| | | 蔡 | 三水 | 清康熙年間 | |
| | | 劉 | 新安 | 清康熙年間 | |
| | 簡頭圍 | 陳 | 東莞 | 清嘉慶年間 | |
| | | 黃 | 沙頭角鎖羅盆 | 清同治年間 | |
| | 李屋村 | 李 | 寶安 | 明正德年間 | |
| | 大埔田 | 歐 | 順德 | 明崇禎九年（1636） | 與坪輋區氏同祖 |
| | | 彭 | 禾坑平防尾 | 清康熙年間 | |
| | | 蔡 | 新安 | 清康熙年間 | |
| 第三約 | 鳳凰湖 | 易 | 元朗白沙 | 清嘉慶年間 | |
| | | 楊 | 沙頭角鎖羅盆 | 清道光年間 | |
| | | 吳 | 沙頭角 | 清同治年間 | |

44　蕭國健：《香港新界北部鄉村之歷史與風貌》，頁 73-76；打鼓嶺區鄉事委員會著：《打鼓嶺鄉志》（香港：三聯書店，2024），頁 48-93。

（續上表）

| 約 | 村落 | 姓氏 | 原居地 | 遷入年代 | 備註 |
|---|---|---|---|---|---|
| 第三約 | 老鼠嶺<br>又稱周田 | 杜 | 鶴山 | 明正德年間 | |
| | | 蕭 | 新安 | 民國初年 | |
| | | 何 | 鹽田 | 民國初年 | |
| 第四約 | 松園下 | 何 | 新安 | 明朝末年 | |
| | 竹園 | 姚 | 惠陽 | 明朝末年 | |
| | | 邱 | 惠陽 | 清康熙年間 | |
| | 羅坊 | | | | 位於深圳 |
| 第五約 | 香園圍 | 萬 | 五華 | 康熙年間 | |
| | 蓮塘 | | | | 位於深圳 |
| | 凹下 | | | | 位於深圳 |
| | 橫江廈 | | | | 位於深圳 |
| 第六約 | 坪輋（水圍、隔田、元下） | 萬 | 東莞 | 明朝永樂至宣德年間 | |
| | | 歐 | 順德 | 明崇禎年間 | |
| | | 曾 | 沙頭角 | 清宣統年間 | |
| | 塘坊 | 萬 | 東莞 | 清道光年間 | 與坪輋萬氏同祖 |
| | | 萬 | 蓮塘 | 十九世紀末 | 與香園圍萬氏同祖 |
| | | 黃 | 沙頭角<br>鎖羅盆 | 1927 年 | |
| | 西嶺下 | | | | 位於深圳 |

六約與黃貝嶺時有衝突，大多是為耕田爭水。按夏思義研究，為防範黃貝嶺進犯，六約聯盟憑其地處位置，各有分工，如坪洋三鄉

└ 圖 2-3　新屋嶺建有圍門，從石額刻有「丙申年二月吉日立」。

└ 圖 2-4　黃貝嶺張氏祖祠位於深圳河以北菠蘿山上。

負責防守通往長山古寺的道路。[45] 新屋嶺位處打鼓嶺區，屬黃貝嶺張氏大房，礙於身份並沒有加入六約聯盟。[46] 向西和湖貝位處深圳河以北，同樣沒有加入六約，但他們素來與黃貝嶺張氏不睦，故暗中協助六約。[47]

打鼓嶺六約與黃貝嶺關係日漸緊張，導火線是為爭奪簕口渡的經營權。船渡服務多由一姓承辦或聯鄉經營。鄉民依賴船渡前往墟市，往往牽涉重大經濟利益。村落之間常就搶奪經營權產生矛盾衝突，最終演變為械鬥。打鼓嶺的村民不滿黃貝嶺張氏壟斷渡頭，雙方械鬥激烈，死傷慘重。據竹園村父老所述，其村附近水潭曾稱為「血潭」，指出該處曾與黃貝嶺發生激烈的武裝衝突，雙方互有死傷，械鬥造成血流成河的慘狀。[48]

木湖村位置鄰近黃貝嶺，雙方亦時有械鬥。按木湖村老村民憶述，黃貝嶺和木湖村曾利用「風水」互相鬥法。黃貝嶺張氏布風水局欲殺死木湖村的男丁。木湖村幸得高人指點，以「風水」破「風水」，種植松樹大敗黃貝嶺張氏。他指出木湖村圍門前有數支橫放的柱身，聲稱是從黃貝嶺張氏祠堂搬過來。黃貝嶺張氏風水局被破，勢力日漸

45 P.H. Hase, "Cheung Shan Kwu Tsz, an Old Buddhist Nunnery in the New Territories, and its Place in Local Society," *Journal of the Hong Kong Branch of the Royal Asiatic Society*, Vol. 29 (1989), pp. 141-142.

46 據知新屋嶺張氏原在黃貝嶺建有祠堂，鄰近有荔枝園。黃貝嶺張氏三房欲窺伺荔枝園，長房不肯，遂強拆祠堂。長房為避三房的脅迫，率同房遷到今打鼓嶺新屋嶺聚居。

47 《北區文獻》，1982 年 8 月 5 日，打鼓嶺坪洋村陳友才先生訪問。

48 阮志：《入境問禁 —— 香港邊境禁區史》（香港：三聯書店，2014），頁 10-14。

衰落。及後更與附近村落不知因何事對簿公堂，最終黃貝嶺官司落敗賠款。木湖村村民趁此機會拆掉黃貝嶺祠堂，把祠堂的石柱搬回木湖村。此口述傳說無法考證，但是可以肯定在過去某一時段木湖村與黃貝嶺處於敵對的關係。筆者認為圍門空地對出的石柱並非來自黃貝嶺，更有可能屬於木湖村祠堂的建材。

龍躍頭鄧氏及孔嶺侯氏的勢力因遷海之禍帶來重大的傷害，形成孔嶺一帶勢力懸空，龍躍頭鄧氏為維持當區的勢力，與蓮麻坑、萊洞、丹竹坑等 18 條村組成四約聯盟，稱為安良約，並以孔嶺洪聖宮為鄉約中心。孔嶺洪聖宮約建於 1763 年，現評為第三級歷史建築。[49] 四約更成立粉嶺洪聖宮管理委員會，定於農曆二月十二日慶祝孔嶺洪聖誕。其時四約成員會集體上香參拜、舞獅採青和盆菜宴客。

清同治年間，蓮麻坑與六約發生衝突，四約有否參與其中則眾說紛紜。有一說法是蓮麻坑獨力與六約械鬥。《新界文獻》載有一篇告示，勸喻村民如有親戚朋友到訪，切勿攜帶武器，否則一律視作敵人：

> 刻下敝鄉同六約鬥械，凡有親朋入我境內，切勿身藏利器，如有不遵守，作匪論。夜間不可入圍，恐陷踏桶之悞，毋謂言之

49 HCA 87/2011：IN THE HIGH COURT OF THE HONG KONG SPECIAL ADMINISTRATIVE REGION COURT OF FIRST INSTANCE

圖 2-5 清中葉以後，打鼓嶺六約奉坪源天后為鄉約主神，黃貝嶺張氏則供奉張王爺，雙方時有武裝衝突。文化大革命期間，內地禁絕民間信仰，廟宇遭受破壞不計其數。張氏擔心張王爺神像受到損毀，於是請出神像南渡深圳河，供奉於上水張靖軒堂。每年農曆三月初四，黃貝嶺張氏子孫敬備祭品，集體拜祭張王爺。

不早也，㫺此。[50]

告示提醒村民晚間實行宵禁，任何人均不得進村，並警告村內布置「踏桶」陷阱，為此受傷與人無尤。

## 三、坪源天后廟義祠

械鬥引致村民傷亡，為紀念殉難的護土烈士，有的把義士的神位供奉於鄉約主廟旁廳的義祠。如坪源天后廟義祠供奉了「護國總鎮諱眾友例授英雄履考之神位」。其旁伴聯「威武才能垂萬古」、「英雄志節播千秋」，紀念 23 位為鄉約犧牲的六約村民。祠內供奉神位右旁有一銅扇，上鑄「天后宮」，為光緒十九年（1893）造。兩旁壁上懸二對聯「四境歡騰，恩施徧及」、「萬民慶祝，德配無疆」。此聯為孔嶺河霸村同人送贈。旁邊另有民國四年（1915）重修昇平社義祠時，蓮塘村橫崗廈敬送之木聯「義氣如山，自古英雄傳百代」、「祠承恢緒，從今俎豆馨千秋」。1976 年，該廟重修，打鼓嶺蔬菜合作社題賀之「衛約英豪」牌匾，現懸掛在義祠左壁上。[51]

50　帖式（蓮麻坑村葉偉彰藏）。

51　打鼓嶺慶祝平源天后寶誕演戲理事會：《打鼓嶺區慶祝甲午年平源天后寶誕》（香港：打鼓嶺區坪源天后廟理事會，2014），頁 32。

圖 2-6 坪源天后廟義祠供奉了護鄉英雄神位，並定期舉行祭祀活動，以紀念 23 位為鄉犧牲的鄉民。

圖 2-7 龍躍頭鄧氏、蓮麻坑、萊洞與丹竹坑等 18 條村組成鄉約聯盟，名為打鼓嶺四約，並定於農曆二月十二日慶祝孔嶺洪聖誕。

**表 2.3 護國總鎮諱眾友例授英雄履考之神位列表**

| 六約 | 衛約英雄 |
|---|---|
| 馬尾下 | 鄧添良、鄧成周、鄧榮周 |
| 羅坊 | 姚拔英、姚振英 |
| 香園圍 | 萬官福、萬水犇、萬日富、萬戊福 |
| 羅坊 | 侯水發、侯朝學、羅煥朝 |
| 坪洋約 | 陳容昭、陳楊存、陳秉亮 |
| 李屋村 | 李兆德、李積壽、李英祖 |
| 簡頭圍 | 周定邦 |
| 大埔田 | 蔡兆有 |
| 蓮塘村 | 葉正保 |
| 禾徑山 | 劉阿牛 |
| 山雞罉 | 鄒齊大 |

二次大戰以前，昇平社出資定期祭祀械鬥中犧牲的鄉民。[52] 每年春分和秋分，天后廟旁英雄祠舉行祭英雄，儀式非常隆重。

……參加白需穿長衫，有禮生、奏樂，並有飯吃，劏了一隻豬來奉祀。費用由昇平社付給，在戰後則漸冷卻……[53]

時至今天，祭英雄儀式已簡化。每逢春分、秋分，由廟祝負責化衣拜祭六約義士。每年天后誕，主辦單位更禮聘尼姑，誦經超渡。

52 蕭國健：《香港新界之歷史與文化》，頁 23-31。

53 《北區文獻》，1982 年 8 月 5 日，打鼓嶺坪洋村陳友才先生訪問。

第　三　章

# 二次大戰前新界打鼓嶺區之發展

## ■ 第一節 ■　新界租借與《展拓香港界址專條》

### 一、新界租借

清中葉以後，清廷飽受外患困擾。兩次鴉片戰爭戰敗，導致割讓港島和九龍半島。隨後清廷推行洋務運動，實行「師夷之長技以制夷」，不再受列強所欺。然而，清廷先後歷中法戰爭（1884-1885）和甲午戰爭（1894-1895）之敗績，洋務運動成效成疑。特別是甲午戰爭，清廷敗於日本「小國」之手，賠款二萬萬両，割讓奉天南部及台灣、澎湖，增開蘇州、杭州、沙市、重慶為通商口岸等。其後，俄、德、法介入，使日本讓步，要求中國另交贖款 3,000 萬兩，才得以收回遼東半島。[1]

1　黃競聰：〈九龍寨城管轄權爭奪戰〉，《香港史地》（第二卷）（香港：香港史學會，2011），頁 94-107。

列強借口主持「正義」有功，趁機索取利益，紛紛簽訂新的條約，激起列強瓜分中國浪潮。1896 年 6 月，中俄簽訂《禦敵互相援助條約》，又稱《中俄密約》。俄國取得中東鐵路的興建權，戰時可獲特權進入中國的港口；1897 年，德國借口「巨野教案」，強佔膠州灣；俄國以協防中國為借口，出兵大連和旅順；法國亦不甘示弱，租借廣州灣。[2] 其時，港府認為以界限街為邊界，從軍事角度來說非常不利，遷界無險可守。港督羅便臣（William Robinson，1891-1898）向英國建議將香港界址展拓至大鵬灣。1898 年，英國援引「片面最惠國待遇」，及以防範法國為由，提出展拓香港界址的要求，租借新界。

1898 年 6 月 9 日，中英簽訂《展拓香港界址專條》，其中包括租借新界，[3] 為期 99 年，同年 7 月 1 日生效。1899 年 3 月 11 日，中英雙方分別任命新界北部定界委員。兩廣總督譚鐘麟任命廣東補用道王存善為中方委員；香港總督卜力任命輔政司駱克（James Stwart Lockhart）為英方委員，共同勘界，簽訂《香港英新租界合同》，確定新界位置是新安縣以南至界限街，北至深圳河，東由大鵬灣起，西

2 蕭國健：〈談 1898 年英人租借香港新界地區與中英豎立界碑所產生之問題〉，《漢學與東亞文化》（2010）。

3 根據《關於新界的報告（1899-1912）》統計，新界總面積 356 平方英里，其中 1/4 由島嶼組成。1901 年，新界人口估計是 102,254 人。

至后海灣。當中包括大嶼山及其餘 235 個離島。[4]

## 二、六日戰爭

中英勘定邊界後，新界鄉紳和宗族地主憂慮原有的權益受到剝奪，影響固有的權力和地位，甚至沒收他們世代賴以為生的土地。鄉民也擔心在港府的統治下影響他們的生計，並冒犯傳統風水信仰。[5] 加上，有土地發展商公司散布謠言，謂港府在接收新界後將大幅增收土地稅捐，沒收私有土地云云。1899 年 3 月 27 日，警察司梅軒利（Francis Henry May）前往大埔墟附近泮涌山丘（今大埔運頭角）搭建竹棚，以作接管新界升旗儀式之用。不久搭建工人遭鄉民趕走，認為此舉會破壞風水。翌日錦田、八鄉、屏山、廈村、青山等地鄉紳及新界各鄉村代表雲集屏山達德公所，成立「達德公約」，商議抗英。[6]

1899 年 3 月 29 日，新界各村張貼「抗英揭貼」。屏山張貼揭帖稱：

吾等痛恨英夷，彼等即將入我界內，奪我土地，為害無窮。……

4　以上東西兩面海域均劃為英界，而深圳河界則按國際慣例取河流兩岸之間的一半位置。惟沙頭角一段陸路邊界需要豎立七塊界石，把該區一分為二並取名為中英街。詳見孫宵：〈英國勘劃新界海域界限考略〉，載劉智鵬主編：《展拓界址 —— 英治新界早期歷史探索》（香港：中華書局，2010），頁 71-80。

5　Great Britain Colonial Office, *Hong Kong Correspondence (20th June, 1891 to 20th August, 1900): Regarding the Extension of the Boundaries of the Colony* (November, 1900), pp.305-306.

6　王國華主編：《香港文化發展史》，頁 171-173。

> 吾等指定練兵場，集合全體愛國志士，荷槍實彈演習，優良者有賞，一以襄助政府，一以防患于未然。[7]

3 月 31 日，梅軒利巡視運頭角搭建的竹棚工程，驚見工程停頓，僱工逃去，遂向港督卜力報告。4 月 1 日，雙魚洞鄉紳與鄧青士等於元朗開會討論對策。4 月 2 日，港府要求兩廣總督譚鍾麟向新界居民曉諭，制止其繼續抗英生事。清廷遂派出五名九龍寨城兵勇駐守大埔，又命大鵬協副將方沿開導鄉民。1899 年 4 月，港府收到線報，得悉新界鄉民已準備抗英。[8]4 月 3 日，梅軒利率六名錫克警員，聯同五名兵勇前往今太和市文武二帝廟，與眾鄉紳商討修築警棚之議。梅軒利寸步不讓，堅持原址建警棚，此舉觸發眾怒，情況一發不可收拾。幸而，梅氏在士兵保護下脫圍，返回港島求援。加士居將軍帶領 125 名（一連）皇家威爾斯火槍團前往增援。當晚各地鄉民援兵群集，放火燒棚。

4 月 5 日，駱克在新界各處張貼兩廣總督府所頒之曉諭告示。4 月 7 日，港府公佈接管儀式將會在 4 月 17 日舉行。4 月 10 日，德達

7 齊鵬飛：《日出日落：香港問題一百五十六年（1841-1997）》（北京：新華出版社，1997），頁 198-200。

8 港督卜力和駱克對於處理鄉民反抗一事持不同意見。卜力主張懷柔，認為新界人口眾多，約有 25 萬人，日後負責管理的政府人員僅得 20 多人，故不能呈一時之勇，拉籠願意合作的鄉民方能長治久安。駱克則主戰，認為動用武力打敗新界鄉民，讓他們心甘情願接受英國政府統治。詳見夏思義：《被遺忘的六日戰爭 —— 1899 年新界鄉民與英軍之戰》（香港：中華書局，2014），頁 90-145。

約各代表在元朗舊墟大王古廟附近東平學社開會，部署反抗行動，並定指揮部名為太平公局。[9]4 月 12 日，駱克在屏山接見各鄉紳領袖。他們假意順從，簽下具結。4 月 14 日下午，駱克、梅利帶領 22 名警察前往大埔墟，趕工搭建警棚，豎立旗桿，並派出千多名英軍進駐元朗、錦田、大埔等地，防範新界鄉民反抗。其時，新界抗英鄉民早已分布在大埔墟山頭，開挖壕塹，發動第二次燒棚行動。大埔之戰正式展開。[10]

4 月 16 日，港督卜力派英艦名譽號載運正規軍增援，駛向大埔東南的吐露港，擊抗英鄉民陣地，掩護步兵登陸。鄉民武器低劣，抵抗力不支，只得撤退。英軍佔領大埔附近的山頭，隨即舉行儀式，正式宣佈於 1899 年 4 月 16 日下午 2 時 50 分開始接管新界。其後，英軍向林村進發，追擊抗英隊伍。當進入狹隘的林村山谷，抗英隊伍居高臨下，用重炮轟擊英軍。英軍遂撤離谷底，改向山之兩邊側擊。激戰一個多小時後，抗英隊伍經上村向八鄉方面撤退。林村之戰終告結束。[11]

4 月 18 日，英軍派兵增援上村。抗英鄉民向上村附近石頭圍的英軍發動攻擊。英軍隱伏在一條乾涸的河床內，待抗英隊伍距離僅 300 碼方集中火力反擊。抗英隊伍中伏，終被擊潰。英軍繼而向錦田

---

9　為了軍費，參與的村落需提供一百両銀，屏山居民則提供豬隻作為軍糧。

10　發動者是來自泰坑和林村為主的大埔七約，山鄉有增援和補給。詳見夏思義：《被遺忘的六日戰爭 —— 1899 年新界鄉民與英軍之戰》，頁 90-145。

11　王國華主編：《香港文化發展史》，頁 171-173。

吉慶圍進發，並拆去吉慶圍的鐵門，以作示威及警戒之意，後轉贈港督卜力作戰利品。[12]4 月 19 日，駱克往元朗太平公局搜集文件。4 月 26 日，抗英鄉民結束抵抗，鄧青士、鄧儀石等領袖潛逃廣州、南頭等地。[13] 儘管港英政府成功以武力鎮壓新界鄉民，然而為長治久安計，避免加劇彼此間的敵意，當局未有大肆宣揚這次勝利的軍事行動。對於戰敗一方的鄉民而言，由於力量懸殊，只能服膺港府的統治。值得注意的是，從現存文物和文獻可見，打鼓嶺六約並未直接參與六日戰爭。

## ■ 第二節 ■ 英治初期打鼓嶺區之發展

### 一、1898 年打鼓嶺區概況

1898 年 3 月，時任輔政司駱克走訪新界地區，展開為期四個月的調查工作。10 月 9 日，駱克提交《香港殖民地展拓界址報告書》（以下簡稱：報告書）（*Report by Mr. Steward Lockhart on the Extension of the Colony of Hong Kong*）。《報告書》詳細調查了新界土地資源、

---

12 1924 年，錦田鄉紳鄧伯裘和鄧煒堂等向港督司徒拔（Reginald Edward Stubbs）要求發還鐵門。為舒緩香港華人反英的情緒，翌年終物歸原主。可是，英方卻把泰康圍及吉慶圍的鐵門各只送回一面。1925 年 5 月 26 日，正式鑲回吉慶圍。不過，連環鐵門左右粗幼不一，據村中長老言，環門較粗者為泰康圍，幼者則為吉慶圍。詳見李君籌主編:《錦田十年一屆酬恩建醮特刊》，頁 26。

13 有關英軍佔領新界及鄉民抗擊的描述，可參閱余繩武、劉存寬：《十九世紀的香港》（香港：麒麟書業，1994），頁 130-140；劉存寬：《租借新界》（香港：三聯書店，1995），頁 41-51。

人口、族群等分布，有助了解租借新界前新界的發展概況。《報告書》附件五〈新界各村莊名稱和人口表〉中，初步調查新界村落有 423 條，本地村落約 161 條，共 64,140 人；客家村落 255 條，人口約 36,070。[14] 打鼓嶺劃為深圳洞，尚未獨立成區。由於新界劃界尚未確立，深圳區有 26 條村落，部分村落位於深圳河以北，不屬於新界租借地。值得注意的是，前文提及打鼓嶺居民常受黃貝嶺居民欺負，《報告書》的人口統計紀錄，黃貝嶺有 2,500 人，反觀打鼓嶺區人口最多的坪洋和坪輋，各只有 160 人。由此可見，打鼓嶺區村落只能通過與鄰近村落組成聯盟，方有一拼之力。[15]

《報告書》調查時間倉促，報告內容多來自口述和田野考察，欠缺反覆驗證，部分內容略帶偏頗。如新界居民以種族來劃分，分為本地、客家和蜑家，其實用族群來定義會較為合適。又如指出客家人是蒙古人的後裔，實為以訛傳訛之誤。[16] 如前文所言，清初遷界，為吸引新移民遷入新界，給予其客籍身份和優惠。這批新移民就是《報告書》所指的客家人（Hakka）。然而，瑕不掩瑜，英國殖民地部大臣張伯倫稱讚《報告書》，肯定其歷史地位，認為其對英方日後制定管

---

14 "Report by Mr. Steward Lockhart on the Extension of the Colony of Hong Kong," in *Hong Kong: Extracts from papers relating to the Extension of the Colony of Hong Kong*, Sessional Papers, 1899, pp. 201-207 Appendex No. 3.

15 位於深圳河以北村落包括：深圳、水背、向西、蔡屋圍、黃貝嶺、羅坊、西嶺下、橫崗下、東坑圍、蓮塘；至於位於深圳河以南的村落則包括：蓮麻坑、香園圍、老虎屈、塞角、老鼠嶺、坪輋、馬屋邊、山雞笏、大蒲田、丹竹坑、落馬洲、灶頭、新田、李屋村和坪洋。

16 施志明：《本土論俗：新界華人傳統風俗》，頁 99-101。

治新界的方針有巨大的貢獻。[17]

因《展拓香港界址專條》中有「任由兩國人民來往」、「仍准兩國人民往來」等字句，是以中港邊界居民往來一切如舊，通行無阻。由於邊界的劃分是政治的原因，實際上邊界地區自古以來都是無分彼此。有很多在華界的鄉民，仍照舊到被劃入英界的農田耕種，反之亦然。雙方邊界人民關係密切。部分村落位於中英邊界之間，其中以打鼓嶺區為例，羅坊村和羅湖村就面對這種情況。前者在英界內另立新的村名，後者則保留原有村名。據羅湖村村民憶述，二次大戰以前村民多聚居在深圳河以北的地方，農地則在英界範圍。每天羅湖村村民需過境到英界耕種。相反英界的羅湖村人口非常稀少，故無另立村名。事實上，新界租借早期，雙方未設關卡，往來非常方便。直到1938年，日軍佔領深圳後，即派士兵於羅湖站崗，與英軍隔河對峙。

## 二、新界租借前後新界概況

1841年，英軍在上環水坑口登岸，佔領香港島。翌年簽訂《南京條約》，確認割讓香港島。1860年，中英簽訂《北京條約》，割讓九龍半島。1898年再簽訂《拓展香港界址專條》，租借新界。英方經過二次割讓及一次租借新安縣土地，終形成現在的香港。辛亥革命推翻滿清政府，結束了中國二千多年帝制。接下來軍閥割據，廣東地區

17 劉存寬：〈評駱克《香港殖民地展拓界址報告書》〉，載《廣東社會科學》2008年第2期，頁92-100。

也屢遭戰亂，民生困苦，不少人逃難來港。縱然新政權更迭，香港這片殖民地背靠英國政府，主力不在防衛中國軍隊，故邊境雖駐有英軍，但重點防務還放在港九沿岸。其一是防範列強以租借地作跳板沿海路進攻港島。

香港開埠後，港府積極開發維多利亞城，對自然資源需求甚殷，帶動了新界地區的經濟發展。隨着人口急增，配合條約的簽訂，城市核心不斷向北擴展。不過，港府為防清廷反攻，故預留大片土地作為雙方的緩衝地帶。英人租借新界後取得大量土地，城市核心進一步擴展。深水埗原屬界限街以北，新租借條款後由原來的邊陲地帶轉變為城市核心地區。青山道和大埔道的修建，作為接駁九龍與新界東、西之重要交通樞紐，其起點也是在深水埗，所以二次大戰以前深水埗的發展非常理想。

港府將界限以北部分原本是新界的土地劃入新九龍，正顯示城市核心從深水埗進一步向北擴展。獅子山以北之土地視為中英之間的緩衝地帶。許舒在《新界百年史》中印證了筆者之想法。他引述韓美頓的回憶。韓氏於 1915 至 1923 年間任職南約理民府，他曾遭時任港督司徒拔警告，提醒新界雖然是一個有趣又景色優美的地方，但對港府來說，只是一個不重要的地方。許舒認為從客觀數字上反映新界遠遠滯後於港九地區，單從人口調查可見一斑。1921 年，香港總是 625,166 人，較之 1911 年升幅高達 36.7%，幾乎所有增加的人口都集中在港九地區。簡單來說，二次大戰以前，「新界是個可任它自生自滅的地方」，不會投放資源來開發。[18]

## 三、新界租借初期打鼓嶺之發展

1866 年《新安縣全圖》標示打鼓嶺區的村落名稱，包括螺湖、李屋村、山雞笏、大莆田、老鼠嶺、平洋（坪洋）和香椽圍（香園圍）。[19] 1899 年，港府將其分成八個全約，其下再劃 46 個分約。

**表 3.1　英人租借初期，將新界分成八約** [20]

| 約 | 分約 |
|---|---|
| 九龍 | 九約、六約、全灣 |
| 沙頭角 | 禾坑、蓮麻坑、下堡、鹿頸、南約、谷埔、慶春 |
| 元朗 | 八鄉、錦田、十八鄉、屏山、厦村、屯門、大欖涌、龍鼓灘 |
| 雙魚 | 林村、新田、龍躍頭、船灣、翕和、蔡坑、上水、粉嶺、侯約 |
| 六約 | 六約 |
| 東海 | 西貢、樟木頭、高塘、赤逕 |
| 東島 | 吉澳、坪洲、塔門、白蠟洲、滘西、鹽田子 |
| 西島 | 大澳、煤窩、東涌、長洲、尼姑洲、赤獵角、馬灣、青衣 |

18 許舒著，林立偉譯：《新界百年史》（香港：中華書局，2016），頁 110-111。

19 《新安縣全圖》是由意大利傳教士朗他尼（Simeone Volonteri）經過四年實地考察，搜集資料繪製而成，也是該地區首次出版的建立在現代測繪技術基礎上的地圖。《新安縣全圖》涵蓋了新安縣的範圍，大致從北到南約 45 里，東西約 60 里。詳見饒玖才：《香港的地名與地方歷史（下冊）——新界》（香港：天地圖書，2012），頁 207-211。

20 *The Hong Kong Government Gazette*, 27th May, 1899, pp. 816-817; *The Hong Kong Government Gazette*, 8th July, 1899, pp. 1069-1078.

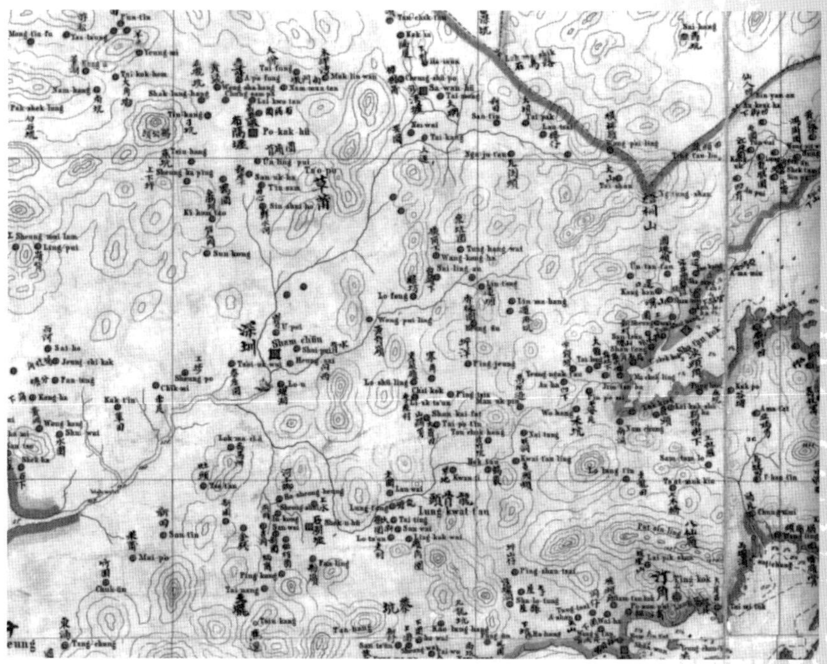

└ 1866《新安縣全圖》

其時，打鼓嶺名字尚未在香港政府憲報中出現，該區以六約（Luk Yuek）命名，六約包括：坪輋、坪洋、香園、山雞笪、松園下、凹頭圍、老鼠嶺和木湖。[21] 此後，港府先後公佈負責鄉事基層管理的各分約委員會的委員名單，顯示統治者具真正掌握政治權力的威嚴。[22]

**表 3.2　1899 年六約村落** [23]

| 村落 | 頭人 |
|---|---|
| 坪輋 | 萬英懷 |
| 香園 | 萬福善 |
| 山雞笪 | 林奇英 |
| 松園下 | 何送桂 |
| 凹頭圍 | 陳國元 |
| 坪洋 | 陳特雲 |
| 老鼠嶺 | 杜萬芳 |
| 木湖 | 杜緝 |

1911 年，六約隸屬北約理民府管轄，並納入上水區，村落增至 12 條，分別為坪輋、香園、山雞笪、松園下、凹頭圍、坪洋、老鼠

21 同上注。

22 *Hong Kong Government Gazette*, 7th, 15th May, 1899.

23 *Hong Kong Government Gazette*, 8th, July,1899.

嶺、木湖、李屋村、瓦窰下、新屋嶺和禾徑山，人口約 1,377。上水區主要是廣府和客家兩大族群，操廣府話有 5,390 人，操客家話則有 1,460 人。[24]

**表 3.3　1911 年上水區人口統計表** [25]

| 村落名稱 | 男 | 女 | 合計 |
|---|---|---|---|
| Shan Kai Wat 山雞乙（窟） | 94 | 110 | 204 |
| Fung Wong Wu 鳳凰湖 | 39 | 45 | 84 |
| Lo Shu Ling 老鼠嶺 | 98 | 111 | 209 |
| Li Uk Tsun 李屋村 | 41 | 53 | 94 |
| Ping Yeung 坪洋 | 162 | 132 | 294 |
| Wo King Shan 禾徑山 | 27 | 32 | 59 |
| Nga Yiu Ha 瓦窰下 | 31 | 27 | 58 |
| Heung Yun 香園 | 18 | 26 | 44 |
| Tsung Yun Ha 松園下 | 39 | 46 | 85 |
| San Uk Ling 新屋嶺 | 36 | 36 | 72 |
| Muk Wu 木湖 | 81 | 93 | 174 |
| **總數** | **666** | **711** | **1,377** |

24　香港政府人口統計處：《香港殖民地 1911 年人口統計報告》（*Census Office, Report of the Census of the Colony for 1911*），1911 年 10 月 27 日。

25　同上注。

二次大戰前，黃佩佳在 1930 年代曾記錄了打鼓嶺的發展概況：[26]

> 在深圳河上游，對望即屬華界，由廟徑至此約一小時，新界極北之重鎮也。居民雜姓，約有千餘，多果園，附近之六和園，植荔子樹千餘株，為馬氏世業，警署位於深圳河畔，四周繞以鐵線網，戒備森嚴。側為沙頭角至羅湖之軍路，路長七八英里，極廣平，全線皆沿深圳河左而行，右望華界，如針鋒相對也。

打鼓嶺位於邊境地帶，與華界只有一河之隔，港府視之為邊防區域，並不積極開發該區。當地人以務農種植水果為業，[27] 上述引文提及打鼓嶺附近的六和園是當地非常著名的果園，種植近千棵荔枝樹，品質優良，深受深圳果販歡迎。它屬於深圳平崗鄉馬氏的產業。[28]

此外，為了加緊六約聯盟的關係，打鼓嶺六約奉坪源天后為主

---

26 黃佩佳：《香港新界風土名勝大觀》（香港：商務印書館，2016），頁 66。

27 「廣州諸大縣村落中，往往棄肥田以為基，以樹果木。荔支最多⋯⋯柑、橙次之，龍眼多樹宅旁，亦樹於基」。參見（清）屈大均撰《廣東新語》「鱗語」養魚種條。

28 「新界七約之果園也，為平崗鄉馬姓世業。地居山側，綿長約里許，短牆修竹，四面周環。外為打鼓嶺一帶水田，後為紅花嶺千重雲嶂，佔有天然勝概。園無雜樹，只植荔枝一種，為數逾千株」。詳見〈六和園啖荔記〉，《工商日報》，1929 年 6 月 21 日。

神。除了每年慶祝天后誕外，每隔十年還舉行太平清醮。[29] 打鼓嶺醮會何時創辦無從稽考，只能從口述資料得知醮會的概況：

> 在打醮幾天要吃齋，除祭天后外，亦兼祭英雄祠、土地公等，做木頭公仔戲，戲班是由九龍請來。請尼姑回來做法（不是喃嘸），是由廟婆在九龍請回來。布貼榜儀式，亦有燒山大人，但燒時若大士倒向那一村方向，那村便不好，為此坪洋、坪輋兩村為使大士不倒向己方，常起爭執。[30]

據陳友才口述資料，打鼓嶺六約約在 1935 年後便停辦了醮會，他還記得參與者夾兩元一份。

其時，內地戰亂，政權屢有更替，然而兩地政府間有合作，特別是針對在邊界出沒的海盜，雙方軍隊曾聯手緝盜。兩地人民也是合作無間。如 1925 年 12 月 28 日，4 名婦女在蓮塘附近被匪徒脅持及搶掠，幸得香園圍和蓮麻坑村民協助，最後捕獲其中 3 名匪徒。然而，不能否認內地政局也會波及香港，尤其是一河之隔的打鼓嶺區更首當其衝。省港大罷工期間，有暴徒趁機在英界邊境搶掠，襲擊警察。1925 年 12 月 3 日，有暴徒從羅芳突擊打鼓嶺警署警員，甚至開

29　另有一說法是五年一屆，通常在十一月或十二月舉行五天醮會。《北區文獻》，1982 年 5 月 15 日，山雞乙上村。

30　《北區文獻》，1982 年 8 月 5 日，打鼓嶺坪洋村陳友才先生訪問。

槍襲擊巡邏至文錦渡渡頭的打鼓嶺警員。至於軍事防務上，英軍並沒有刻意經營，直到香港淪陷前才加強打鼓嶺的防務，在重要交通要道實施宵禁。

港府接管新界後，邊境地區治安不靖，盜賊橫行。如報載 1935 年五月有三匪徒持槍行劫簡頭圍鄉民，慘遭擊斃。[31] 內地政府特別成立一支部隊，與新界邊境警察合力打擊罪案。[32] 新界租借初期，派駐邊界警力約 50 人，當中四名歐洲人、40 名印度人，惟華人只得四名。當局安排了三隻船隻負責巡邏新界水域，警力約 60 名。[33] 為更有效維持治安，港府在新界各區成立警署，以確立管治新界的決心。[34] 1905 年，第一代打鼓嶺警署建成，位於坪輋路及蓮痲坑路交界，隸屬於上水警署管轄，由五名印度籍警員駐防，負責維持邊境治安。警署屬於碉堡式建築（Blockhouse），[35] 樓高兩層，上層設有數個槍孔，用於射擊敵人，並配有通訊設備，與沙頭角和上水警署聯繫；下層是駐守人員的休息生活地方，設有廚房和廁所。[36]

---

31 上水打鼓嶺昨晚發生劫殺案，香港工商日報，1935 年 5 月 29 日。

32 *The Hongkong Government Gazette*, 2nd May, 1902.

33 *Report of The New Terriories*, 1910.

34 1900 年建成大埔、沙頭角、凹頭及屏山警署；1901 年建成西貢警署；1902 年建成上水及大嶼山大澳警署。詳見 *Historical and Statistical Abstract of the Colony of Hong Kong, 1841-1930* (Hong Kong: Government Printer, 1932), pp. 428-429.

35 *Report of The New Territories*, 1910.

36 古物古蹟辦事處：《1444 幢歷史建築物簡要》，No.724，Ta Kwu Ling Police Station Ping Che Road, Ta Kwu Ling , New Territories：https://www.aab.gov.hk/filemanager/aab/common/historicbuilding/en/724_Appraisal_En.pdf

## ■ 第三節 ■ 日據時期打鼓嶺區之發展

### 一、香港淪陷前打鼓嶺的概況

1937 年 7 月 7 日「蘆溝橋事變」，中、日全面爆發戰爭。1940 年 6 月，日軍揮軍進佔深圳，港府即增派軍警進駐邊界，維持秩序，英界與華界交通斷絕。英、日兩軍為避免正面發生衝突，日軍承諾不會越過英界，並撤退至深圳河約半哩處，只派兩名哨兵駐守華界羅湖車站。[37] 據蓮麻坑老村民回憶，日軍時常在邊境地區進行實彈演習，不少流彈誤入英界的邊境村落。若港人從陸路偷渡內地，經蓮麻坑村過深圳河到梧桐山，整個過程只歷時數分鐘。惟不久後為日軍搗破。有土匪以保護村民安全過境為名，借機索取保護費。如發現過境村民暗藏貴重財物，即冠以漢奸之名，乘機搶劫財物，並加以殺害。[38]

中日兩軍互相對壘，雙方在邊境時有交火，炮火間或波及打鼓嶺地區。日軍更派出間諜，甚至出動偵察機，偵測英軍布防。[39] 此外，中日交戰，大量難民從邊境湧入新界北區，致人口不斷增加。本港慈善組織紛紛前往施粥救濟。報章刊載，有難民為避戰火，遷入粉嶺安樂村，由崇正總會、東莞商會和寶安商會參與救援工作，約每三

---

37 〈英陸軍司令賈乃錫昨巡視邊界各地〉，《大公報》，1940 年 6 月 25 日。

38 劉蜀永、蘇萬興編：《蓮麻坑村志》（香港：中華書局，2015），頁 81-92。

39 「今晨八時許，新界又復發現怪機三架，未明國籍，俱為單翼陸機，雲端隱約現有紅色標誌，沿廣九路自北南飛，沿途迴旋偵察」。詳見〈今晨三架怪機在打鼓嶺上空環繞數匝〉，《工商日報》，1939 年 7 月 21 日。

日派米一次給難民。[40]1940年6月26日，東華三院派出總理許庇穀和吳禮和前往新界，調查新界難民情況，並於7月2日作出報告：[41]

> 文錦渡設一處有難民營七座、廚房和醫生棚各一座、飯棚一座，共為八座，闢作收容難民之所，皆蓆地而睡，但附近尚無露宿者，共計有難民1269名，每人每日僅得冬瓜梅菜粥一大碗充飢，俱由政府給養。又查老鼠嶺一處有難民千餘名，且有牲畜布來者，但政府不供給其伙食。

有些難民更聚集在新屋嶺山上，總數高達3,000多名。由於糧食日漸緊張，港府與日軍會晤，限定日期准許難民回籍。[42] 6月29日，政府與東華三院、紅十字會、專陽商會和賑濟華南難民聯會商討，協助新界難民遣返回籍。凡持有政府發出之「通行證」，如屬貧窮者，成人可配給三斤，小童一斤半，路費國幣一元。[43]

據報載：

> 日軍當局經定於七月一、二日由上午十一時起至下午四時止，准許難民經由羅湖火車橋，或文錦渡，或沙頭角回籍。此等難

40 〈醫務總監司徒永覺昨日巡視新界難民〉，《大公報》，1940年6月29日。

41 東華三院：《香港東華三院百年史略》（香港：東華三院，1970），頁31。

42 〈醫務總監司徒永覺昨日巡視新界難民〉，《大公報》，1940年6月29日。

43 東華三院：《香港東華三院百年史略》（香港：東華三院，1970），頁31。

民，必須領有香港政府所發之通過證，始准通過邊界。[44]

東華三院負責羅湖火車橋，惠陽商會負責沙頭角站，紅十字會則負責文錦渡站。難民配給物資和路費均由各團體承擔。[45] 為了進一步加強管制邊界，1940 年 1 月港府頒下《移民管制條例第八條》，在邊界地帶設立五個入境的地點：[46]

1. 沙頭角哨站（Sha-tau-kok Blockhouse）
2. 蓮塘關口（Lin Tong Pass）
3. 文錦渡橋（Man Kam To Bridge）
4. 羅湖橋（Lo Wu Bridge）
5. 落馬洲渡口（Lok Ma Chau Ferry Crossing）

自 1940 年 6 月 22 日，港府僱用苦力，在新界九龍各要隘以及新界邊界要衝布置鐵絲網，部分更在鐵絲網之間裝上電流網。[47] 與此同時，當局增派印防軍開赴新界邊境增防，為運輸防軍及軍事物資往來新界邊界，更曾一度封鎖通達華界的交通路線。1941 年 8 月，格拉

44 〈醫務總監司徒永覺昨日巡視新界難民〉，《大公報》，1940 年 6 月 29 日。

45 東華三院：《香港東華三院百年史略》（香港：東華三院，1970），頁 31。

46 *The Hong Kong Government Gazette*, 10th January, 1941, No. 39, Ordinance No. 32 of 1940. (Immigration Control).

47 〈新界邊境設電流鐵網〉，《香港華字日報》，1940 年 6 月 27 日。

錫將軍卸任回國，莫德庇少將（Major General C.M. Maltby）繼任。[48] 莫氏認為香港具有防守價值，於是興建防空洞及碉堡等軍事設施。防軍人數增至萬餘名。[49] 此外，莫氏見香港守軍不足，遂向加拿大要求支援。[50] 同年 11 月，羅遜准將（John K. Lawson）率領兩營加拿大士兵來港增援，[51] 可惜他們的重裝備卻未能及時抵達。[52]1941 年 10 月 29 日，日軍無故向英界開槍，一名邊界村民死亡。英駐日大使提出抗議，日本答允發放 1000 元撫卹金，並承諾不會再發生同類型事件。[53]

## 二、十八日戰爭

1941 年 12 月 8 日，日軍偷襲珍珠港，正式向美、英宣戰，太平洋戰爭爆發。是日早上，日軍派出 48 架戰鬥機，空襲啟德機場，[54] 但炮火沒有摧毀跑道。[55] 日本陸軍兵分三路，左翼部隊由第 229 步兵聯隊經羅坊越過深圳河；右翼部隊由第 230 步兵聯隊經黃貝嶺抵達邊

48 英軍將領為二戰時英國在華最高司令官，18 日戰爭中最高統帥。

49 陸軍 4,600 人、工兵野戰連 500 人、香港義勇軍 1,000 人、海岸巡防軍 1,000 人、炮兵 2,500 人、其他人員 1,600 人。

50 加拿大是英聯邦成員之一，同意增兵香港。由於當時歐洲戰事正緊，英、加兩國疲於奔命。他們向報界透露將派一旅兵力（4,000-5,000 人）來港，後減至 2,000 人。

51 羅遜生於英國赫爾。1941 年任渥太華軍事訓練學院（Military Training in Ottawa）總監，受命指揮加拿大皇家來福營及溫尼伯榴彈兵營等，前來香港增援。

52 蕭國健：《香港之海防歷史與軍事遺蹟》（香港：中華文教交流中心，2006），頁 75-85。

53 謝永光：《香港抗日風雲錄》（香港：天地圖書，1995），頁 180-181。

54 香港僅有 5 架軍機和 8 架民用客機，全部被炸毀。

55 鄺智文、蔡耀倫：《孤獨前哨 —— 太平洋戰爭中的香港戰役》（香港：天地圖書，2013），頁 160-169。

界；炮兵隊掩護左右兩翼向前推進。然而，英軍並未作出激烈的抵抗，而是採取阻延日軍進軍的策略，企圖炸毀新界主要的橋樑和鐵路。[56]

> 英軍炸毀沙頭角三號橋，以阻延日敵進攻，（孔嶺洪聖古廟）左翼屋面亦被牽連而被巨石洞穿，和干反四約居民集資修葺，始得保持舊觀……[57]

香園圍萬官生回憶，英軍炸毀虎地坳梧桐河的鐵橋。日軍為了重建梧桐河鐵橋，曾強拆虎地拗四間房屋，運用建築材料重新搭橋。[58]

1941 年 12 月 9 日晚，日軍突擊城門碉堡。該段防線本需 200 兵員駐守，但其時只得 37 名守軍。日軍輕易攻破防線決口，全速向南推進。「醉酒灣防線」全線瓦解，英軍退守鯉魚門北岸之魔鬼山。[59] 12 月 11 日，香港守軍司令莫德庇少將下令撤出九龍。守軍撤退至港島，但過程中損失大量物資。莫德庇少將重新部署港島的防務。他合併港九新界的防守部隊，編成東、西兩旅：東旅駐守大潭、柴灣。今

---

56 日軍下令上水區居民拆掉自己的大門，用大門的木料搭成臨時橋樑渡河，攻佔上水和粉嶺。詳見劉效庭著、陳國成主編：《香港地區研究之三：粉嶺》（香港：三聯書店，2006），頁 38-39。

57 重修洪聖古廟引言碑，一九九一年歲次辛未三月廿七日。

58 香園圍萬官生訪問，2015 年 7 月 11 日。

59 蕭國健：《香港之海防歷史與軍事遺蹟》，頁 75-85。

柴灣墳場口的軍事建築物，是東旅的指揮部；西旅指揮部設在今黃泥涌峽道油站旁竹林內的小屋。自 12 月 10 日開始，日軍炮轟港島，長達八日，兩軍隔着維多利亞港展開炮戰。[60]

12 月 13 日及 17 日，日軍兩次派員到港島勸降，均遭港督楊慕琦爵士（Sir Mark A. Young）拒絕。港島防線經日軍連日炮轟終告崩潰。12 月 18 日晚上，日軍分別登陸港島北角、鰂魚涌及筲箕灣，並迅速向高地推進。日軍繞過大潭，攻打黃泥涌西旅指揮部，攻破黃泥涌砲台。加拿大指揮官羅遜准將及轄下軍士全部殉難。港島守軍繼續在灣仔峽、馬己仙峽等處修築防禦工事，且頑強抵抗。12 月 20 日，日軍得到援兵增援，全力進攻，守軍節節失利。12 月 25 日，港督楊慕琦爵士向日軍提出無條件投降，開始了三年零八個月的「日據時代」。[61]

當時日本的攻擊兵力較香港守軍多出四倍。香港報稱有兵萬餘，實際只得七千多；日軍卻有四萬餘軍士，而日本亦相信香港駐有一旅的軍力，故不敢輕視英軍的防禦能力。從雙方火力來看，守軍有 30 多門炮，而日本則有四百多門，實力懸殊。[62] 駐守香港的英國軍官明白難以堅守全境，防衛重點將放在港島，但仍下達堅守的命令。是役守軍死亡千餘人，失蹤千餘人，受傷者二千餘人，各軍防要塞為日

---

60 鄺智文：《重光之路 —— 日據香港與太平洋戰爭》（香港：天地圖書，2015），頁 28-32。

61 同上注。

62 同上注。

軍破壞。日軍死者 700 餘，傷者 2000 餘。[63] 由此可見，守軍實在已竭盡所能，堅守至最後一刻，惟兵力懸殊，終奮戰 18 日，他們保疆衛土的精神是值得表揚的。

## 三、日據時期的打鼓嶺區

日據期間，香港各區在地方管理上設立地方行政部，分 28 區，各設區役所：港島 12 區、九龍九區、新界七區。各個區役所分別由「香港地區事務所」、「九龍地區事務所」和「新界地區事務所」管轄，負責登記戶籍、物資配給和衛生事務。[64] 新界地區事務所下分為七個區役所，分別是大埔、元朗、上水、沙田、沙頭角、新田及西貢。[65] 打鼓嶺隸屬於上水區，上水區區役所位於現今新康街，日常維持治安，巡邏街道等工作均落在村民身上。[66] 日軍在上水應龍廖公家塾成

63 香港義勇軍團在戰時亦作出很大的貢獻。他們在戰敗而挽救無望的時候，將軍旗送交位於中區的聖約翰教堂保存。二次大戰後，為紀念、歌頌這群殉難的守土衛士，乃將他們的姓名編入名冊。今日，聖約翰教堂掛有一支非常殘舊的義勇軍旗，旗上有很多洞孔，便是當日義勇軍團在戰敗後送交教堂保存的旗幟。又，在玻璃櫃內的名冊上的中外人士，是殉難的教徒，供市民憑弔。至於殉職的非教徒軍人名冊，則安放在中環大會堂花園內的涼亭，每年八月的和平紀念日，軍人代表都會在該處致敬。至於英國軍人的軍旗，當他們節節敗退時，為免軍旗落入日軍手上，便送到英軍軍官指揮部（今茶具文物館）前，埋在地下。回歸前，正值和平紀念五十年，一批當日參與抗日的軍人返回原地，欲尋回該軍旗，可惜未能如願。

64 小林英夫、柴田善雅：《日本軍政下的香港》（香港：商務印書館，2016），頁 76-77。

65 同上注，頁 75。

66 以上水區為例，當時村民有 13,300 人，只有 12 名日軍，故日軍採取「以華制華」的政策。各個區役所管理由日本人擔任，日常工作則由一名華籍所長和一名華籍副所長負責，多由知名華人出任，其下設六至十名區役委員，以處理華民行政事務。

立維持會，替日軍擔水弄飯。每天更安排村民前往南頭及布吉，搬運炮彈及修建軍事設施。[67]

香港淪陷後，市區物資逐漸短缺，總督部嚴格管控生活必須品，實行配給制度，但始終供不應求，遂厲行歸鄉政策，以減輕日軍政府負擔。反觀新界邊境村落村民種田為生，仍能自給自足，並從內地購買食米和日用品。日據時期，新界邊境時有盜匪劫略邊境村落，甚至村民懼怕盜匪多於日軍。[68]

> 他們大搖大擺走入村，要村民招待衣食，向有錢人家勒索，把其家人綁起，用火水淋來燒。於是父老和他們講，村人窮困無錢，但可以招呼他們衣食，他們便在村中住了幾日。走了一批，不久又來第二批……[69]

日軍政府為鞏固政權，實行高壓統治，有些居民不甘逆來順受，暗地裏用不同方式作出抵抗。日軍在粉嶺安樂村建立軍營，是日軍駐港兩個主要據點之一。新界憲兵總部亦設於粉嶺，其功能是保護公路和確保鐵路物資運輸，更要應付活躍於打鼓嶺與沙頭角一帶的抗

67 李國柱：〈新界東岸與抗日活動〉，載香港史學會編《香港史地》第五卷（香港：香港史學會，2014），頁 91-94。

68 《北區文獻》，1982 年 6 月 7 日，鍾國材訪問。

69 《北區文獻》，1982 年 6 月 7 日，鍾國材訪問。

日游擊隊。[70] 據香園圍萬官生回憶，抗日游擊隊乘機招攬新界居民加入，當中不乏來自打鼓嶺區的居民。單是香園圍已有五個村民加入抗日游擊隊，負責收集情報，竄擾日軍。[71]

松園下有一排兩層高的荒廢古屋。業主何華壽早期到海外工作，1930 年代回港後建屋。松園下 61 至 62 號門旁懸掛木牌，分別寫有「松園下第六番」和「松園下第七番」，是由日軍編定的門牌。據說這建築正是日軍哨站。這一帶游擊隊橫行，日軍以此建築負責監視四周動靜。香港重光以後，該宅一直荒廢，屋主未有遷回居住。有說這因建屋風水欠佳所致云云。[72] 據打鼓嶺區老村民回憶，日軍曾收到線報，得悉有游擊隊成員混入某村，遂迫令該村居民聚集於圍門，然後派兵入村搜索。日軍擔心邊界地區多山，易於匿藏。他們為防敵軍反攻，遂迫令打鼓嶺區村長徵集男丁，興建白虎山機槍堡。

自 1941 年 12 月，美國向日本宣戰後，亞洲各國也相繼向日本發動反攻。踏入 1943 年，日本在太平洋地區的戰事已連番失利。美國先後於太平洋地區擊敗日軍，日軍已陷入困局，敗象紛陳。1945 年 5 月，歐戰結束。同年八月，美國在日本的廣島及長崎投下兩枚原子彈。8 月 15 日，日皇宣佈無條件投降。同年 9 月 1 日，英國密令太平洋艦隊司令夏慤少將（H.J. Harcourt）速赴香港受降，接收香港。

---

70 陳國成主編：《香港地區研究之三：粉嶺》（香港：三聯書店，2006），頁 38-39。

71 香園圍萬官生訪問，2015 年 7 月 11 日。

72 蕭國健：《香港新界北部鄉村之歷史與風貌》，頁 83-84。

最後，英國在美國的支持下，中國同意由英國接受駐港日軍的正式投降。1948 年 4 月 15 日，中英雙方在沙頭角舉行重豎「界石禮」，並在第三至七號的界石刻明「中華民國三十七年四月十五日重豎」。4 月 17 日，中英雙方在國民政府兩廣特派員公署簽訂《重豎沙頭角中英界石備忘錄》。[73]

73 楊耀林：《深圳近代簡史》（北京：文物出版社，1997），頁 3-4。

第　四　章

# 打鼓嶺禁區設立與開放

## ■ 第一節 ■　打鼓嶺禁區的設立

### 一、何謂禁區？

禁區，一般解作任何人不能進入的區域，但實際操作上是不可能的。簡單而言，禁區分為兩大類型：第一類是「請勿內進」；第二類是「非請勿進」。兩者有所分別。清初厲行遷海令，沿岸地區內遷三十里或五十里不等，受影響的地區包括香港，遷海範圍均被劃為軍事禁區。此屬於第一類型之禁區。清廷為絕居民回遷之心，禁區範圍內的建築物一律拆毀，並在禁區邊境地帶遍設墩台守界。清廷限定時日畫界，界外皆遷，並立碑警示。如無許可，出界者或以通敵論罪。若有居民私潛出界，即以烽火、號炮或燈號示警，鄰近駐軍即馳往圍剿。

1951 年，當局修訂《公安條例》，設立新界邊境禁區。這屬於第二類型之禁區，屬於有限度的禁區，並非完全隔絕對外的往來。禁區內生活如常，對外仍有經濟往來，只是受到嚴格規範。如果得到特定人士許可，具備某一種身份便能進入禁區。就好像原本居住禁區的村民憑着獲警務署批發禁區紙，繼續享有出入禁區的自由；反之，非禁區居民則受到限制，不可貿然進。

## 二、戰後禁區設立的背景

香港重光後，大量難民自深圳湧入香港邊境地區。邊境地區治安不靖，匪寇橫行，區內治安備受威脅。打鼓嶺村民為求自保，組成民間防衛組織，成員會配備武器，以作防衛。

> 昨天凌晨，平原村村民陳馬興（廿七歲）獨自在村邊乘涼。忽然來了四個匪徒，兩人拿左輪槍，兩人拿駁壳槍。他們強迫陳馬興走開，可並沒有搶他身上的東西。陳馬興依命走開，但暗裡卻跑到鄉團部報告。於是十餘個鄉勇立刻出動，到村搜索。鄉勇見了匪徒，槍聲就大作了……[1]

與此同時，值班警員首當其衝，時有他們會與匪徒發生衝突。單是 1949 年 5 月，打鼓嶺區已發生兩椿警員遇襲案。[2]1949 年 5 月 2 日，有軍裝警員曾進榮（編號：1367）在巡邏至新界打鼓嶺松園下邊

---

1 〈一場遭遇戰〉，《大公報》，1948 年 9 月 13 日。

2 〈打鼓嶺駐警被襲事〉，《華僑日報》，1949 年 6 月 30 日。

界，突遭多名兇徒開槍襲擊，身中十餘槍，重傷斃命。[3] 當局立即懸紅一萬元緝兇，如能成功捉拿犯案之兇手一名，亦有花紅 1,000 元。[4] 兩天後，時任警務署署長麥景陶前往打鼓嶺警署及邊界防務，為了防範同類型事件再發生，於松園下加設分駐所，派出七名警員組成一隊，由一位中級警員統轄，負責巡邏松園下僻靜地帶。[5]

同年 5 月 17 日，兩位警員離開瓦窰警崗往一間百碼之遙的茶樓，另一位警員在警署外面的茅屋沐浴，警崗內只有四名警員駐守。前三位警員聽到三聲槍聲之際，只見有三個人從瓦窰分駐所跑出，攜有武器，向深圳河逃走。一名軍裝警員（編號：422）殉職，陳屍警崗之外，背部中兩槍，配槍也被劫去。事後盤點警崗，共失去輕機槍一把、長槍兩支、駁売一支、左輪手槍一支及子彈數十發。三日後，中國軍隊攻擊深圳北部四哩外一個村莊的匪徒巢穴，將匪徒捕獲並搜出槍械。[6] 為了鞏固防務，當局發出通令，着新界邊境地帶打鼓嶺、落馬洲和沙頭角三區鄉民，前往警署申請身份證，出入須攜帶。[7]

---

3 〈打鼓嶺警員殉職〉，《大公報》，1949 年 5 月 5 日。

4 〈打鼓嶺華警被殺案〉，《工商日報》，1949 年 5 月 22 日。

5 〈打鼓嶺松園設警察分所〉，《華僑日報》，1949 年 5 月 6 日。

6 《華僑日報》，1949 年 6 月 30 日。報載，1949 年 5 月 22 日獲深圳警備司令部通知，已拘捕八名匪徒，其中五名生擒，三名被擊斃，並起回被搶去的軍火。

7 〈打鼓嶺區昨已發出　落馬洲區明日可發〉，《華僑日報》，1949 年 6 月 29 日。

## 三、打鼓嶺禁區的設立

二戰結束後，世界局勢雲譎波詭，前蘇聯領導的共產主義陣營與美國主導的資本主義陣營對峙，形成了長達數十年的冷戰時期。其後，中華人民共和國成立。港府為降低邊境衝突的風險，在新界邊境地帶設立禁區，藉此阻截非法入境者，以及防範犯罪活動，為香港提供一定程度上的安全保障。

1948 年，當局通過《走私至中國（管制）條例》。翌年 4 月 14 日，規定中英街第一至八號界石的中英界線成為兩地居民陸路過境的地點，惟不得駕駛汽車進出。隨後港英政府進一步頒布《公共秩序宵禁（鞏固）令》和《公共秩序（船隻活動）》（Public Order (Movement of Craft) Order），宣佈在海陸邊境地區實行戒嚴，範圍覆蓋了整個今沙頭角道以北的地區，當中涵蓋了打鼓嶺大部分地方。該令規定除非持有效的證明文件，否則在晚間十時至早上六時期間，禁止進出戒嚴地區，並禁止在后海灣及大鵬灣駕駛船隻。隨着難民潮過後，非法入境者日趨減少，加上當地居民抗議，港府於 1968 年修訂法例，禁區邊境宵禁時間減為五小時。[8]

1950 年 11 月 17 日，香港政府頒布《軍事設施禁區（修訂及鞏固）令》（Military Installations Closed Areas Order），當中列出 56 個軍事設施，包括全港軍事要塞，如海軍站（Naval Station）、軍營、軍事醫院、鐵路酒店（Railway Hotel）和碉堡（Fort）等。翌年 4 月

8 黃競聰：《香港新界北區禁區內打鼓嶺區研究——從農村到禁區》，未刊，頁 157-164。

1日，當局頒布《入境管制條例》，進一步管制非本港出生的人士進出香港，限制在港活動。法例規定進入邊境區域的人士必須持有由人民入境事務署簽發的通行證（Frontier Pass）。[9]1951年6月15日，確立禁區的界線：[10]

> 北界：由深圳河北岸（41925）之處起，以至中英邊界（440269）之處，復由此沿全條中英邊界，以迄沙頭角（617305）之第一號界石。
>
> 南界：由沙頭角（617305）第一號界石起，一直線至邊界道與沙頭角路（617306）交界，然後沿邊界路南邊以迄邊界路與文錦渡道在新屋嶺（513291）之交界；復由此棋過文錦渡道西邊，然後沿文錦渡道西邊，以至文錦渡道與羅湖道（502278）南邊交界；復沿羅湖道南邊以至羅湖道與鐵路線（492280）交界，然後由此一線南向伸至顛峰山（485269）山頂；復伸至盧押山（466265）山頂；由此伸至阜拉山（460262）山頂，復一線向西伸至邊界藩籬以南五百碼處勒馬洲道西邊；然後申此沿距邊界藩籬南五百碼之一平衡線以迄藩籬之盡頭處，復由此一線向西以至深灣岸之高水位，然後由此以迄深圳河（419249）處之南岸，再橫過深圳河以至該河（419252）處之北岸止。

9 黃競聰：《香港新界北區禁區內打鼓嶺區研究——從農村到禁區》，未刊，頁157-164。

10 〈港府封鎖邊界〉，《工商日報》，1951年6月16日。

按《邊界禁區令》(Frontier Closed Area Order (Cap. 245 sub leg A.)，禁區的範圍限定於新界北部邊界地區，限制一般大眾進入，市民必須持有港府簽發的通行證方可進入或停留在此區。1962 年當局曾檢討禁區政策，礙於中英關係緊張，認為有保留的必要。通過控制禁區人口，以便維持鄉郊地區人口稀少的現狀，藉此限制兩地居民之間的交流，有助管理和監控。由於邊境地區缺乏天然屏障，限制該範圍內的房屋建設，可有效控制人口流入，讓禁區成為相對安全的區域。香港與內地在這情況下，雙方保持政治意識形態的適度隔離，避免內地政治緊張局勢對香港的經濟和社會造成影響。

## 四、打鼓嶺邊境禁區的保安設施

### 1. 麥景陶碉堡

二次大戰以後，世界局勢出現逆轉。港府為防止共產主義滲入，在邊境地帶設立禁區作為緩衝地帶，開始控制兩地居民的交往。自設立出入境關卡後，常有大量內地難民偷渡入境，更與當區軍警發生衝突，故港府特意修建麥景陶碉堡（Mr. Macintosh Fort），以加強防衛。碉堡以時任警務署署長麥景陶（Duncan William Macintosh）命名，[11] 以肩負守衛邊境及堵截非法入境者為目的。此等碉堡另有七

11 麥景陶在 1946 年從海峽殖民地（馬來亞）警隊調任香港，出任警務署署處長一職。他在任期間（1946-1953）警隊人數倍增，並招募首批女警。此外，刑事紀錄組、攝影科和警隊化驗室相繼成立。蕭國健：《香港新界北部鄉村之歷史與風貌》，頁 86。

座，建於 1949-1953 年間，分布在伯公坳、礦山、白虎山、瓦窰、南坑、馬草壟及白鶴洲邊境山丘之上。

每座碉堡的形制基本是相同的，均採用鋼筋水泥建造，外牆塗上綠色。碉堡外圍 50 碼為封閉範圍，以鐵絲網圍繞。碉堡中央是兩層高的塔樓，兩翼為單層建築，頂上有垛耳，塔樓背面置有出入口。堡內設有射擊室、小廚房及浴廁等設施。從前，為了嚴密監視邊界動靜，每座碉堡都派有警員駐守。堡內配備武器、探照燈及電話。香港回歸以後，非法入境者日少，碉堡完成了歷史使命，已經停止運作。這七座碉堡亦獲評為二級歷史建築。近年，社會大眾逐漸關注軍事古蹟，如何活化位處新界邊陲的麥景陶碉堡有待研究。

## 2. 打鼓嶺警署

新界邊防事務分別由邊防警司（Divisional Superintendent）及沙頭角警署警司（Sub Divisional Inspector）負責。打鼓嶺警署轄下有三間邊界警署，分別是文錦渡警署、蓮麻坑警署和羅湖警署，每署約有十餘人；另有分駐所四處，每一分駐所有警目一人，負責管理一隊 10 人的警員。他們均配備槍械，並設有一台無線電隨時跟港九新界警署聯絡。如遇突發事件，可發射呼救訊號火箭，通知附近警員支援。[12]

12 〈打鼓嶺松園設警察分所〉，《華僑日報》，1949 年 5 月 6 日。

打鼓嶺警署於 1905 年建成。上世紀三十年代，當局有見邊境局勢不明，故在坪輋路及蓮麻坑路交界擴建打鼓嶺警署。擴建工程於 1937 年 10 月竣工，興建費用五萬多元。[13] 它是一座兩層高的建築物，外置有鐵線網圍欄，隸屬於上水警署管轄。[14] 為了增加警力，駐有 2 名歐籍警員、26 名印警，並特別在市區調派 3 名華警進駐。[15] 1949 年 5 月 8 日，新界警署進一步加強警力，特別派出一批印警駐守打鼓嶺警署，並重置鐵絲網。凡進入警署者必受盤查，方可內進。[16] 同年六月，更在打鼓嶺警署屋頂架置輕機槍，晚間由十數名英軍負責駐守。[17] 此外，派出警員巡邏邊境地帶，捉拿非法入境者，捕獲後短暫收容於警署，等待遣返內地。2020 年打鼓嶺警署評為第三級歷史建築。

### 3. 管制站

警方在邊界和公路的交匯處設置管制站，查核出入禁區的車輛和人士。香港設有 13 個出入境管制站和 2 個港口管制站，其中位於

---

13 *Administrative Reports for The Year 1937*, Public Works, p. 48.

14 "Tender for Police I3 lockhouse at Ta Ku Ling," GA 1936 (suppl) no.335.

15 *Administrative Reports for The Year 1936*, Public Works, pp.51-52；〈打鼓嶺新警署現已落成〉，《工商日報》，1937 年 10 月 30 日。

16 〈新界警力強　嚴防匪幫活動〉，《工商日報》，1949 年 5 月 9 日。

17 〈打鼓嶺警署屋頂架機槍〉，《工商日報》，1949 年 6 月 30 日。

打鼓嶺區的邊境管制站有羅湖和文錦渡。[18] 此兩個邊境管制站是兩個最早設立的通往內地陸路口岸，其中羅湖更是香港客流量最大的陸路邊境口岸。2023 年 2 月 6 日，蓮塘／香園圍管制站正式啟用。[19]

打鼓嶺列入禁區期間，在該區主要道路設立檢查站，確認出入居民的通行證，方能進出禁區範圍。1950 年代初，已在上水紅橋設立檢查站，直到 1984 年上水紅橋鄰一帶劃出禁區範圍，紅橋檢查站須搬離原有位置，改在沙嶺虎地拗設立新檢查站。另一個檢查站則位於坪輋路，主要服務禁區居民及其出入車輛。2016 年打鼓嶺禁區開放，坪輋路和虎地拗檢查站停用。

**表 4.1　打鼓嶺邊境檢查站、管制站** [20]

| 邊境禁區檢查站 | 禁區內的邊境管制站 |
|---|---|
| 1. 蓮麻坑檢查站 | 1. 羅湖邊境管制站 |
| 2. 文錦渡檢查站 | 2. 文錦渡邊境管制站 |
| | 3. 蓮塘／香園圍管制站 |

18 入境事務處網頁 https://www.immd.gov.hk/hkt/services/control_point_contact_details.html。

19 香港海關網頁 https://www.customs.gov.hk/tc/publications-useful-information/useful-information/HYWBCP/index.html。

20 香港警務署網頁〈邊境禁區的檢查站、管制站及村落〉http://www.police.gov.hk/ppp_tc/11_useful_info/licences/cap_fca.html。

└ 圖 4-1　麥景陶碉堡設於邊境山嶺地帶，一共有七座，建築形制相同，位於打鼓嶺區有南坑、白虎山和瓦窰。圖中為位於瓦窰的麥景陶碉堡。

└ 圖 4-2　蛇網佈置隱沒於草林之間，不易發現。當地村民告之，從前有「蛇王」刻意火攻引蛇出洞，山頭燒禿了，村民不見蛇蹤，只見荒廢多年的蛇網。

## 4. 邊界鐵絲網

1949 年內地解放後，港府正式關閉邊境，沿深圳河以南築起鐵絲網，防止非法入境和走私活動。1962 年，大量內地難民越過邊界，部分更破壞鐵絲網，偷渡進入香港境內。單是五月，已有 62,000 人被捕遣返內地。[21] 為加強邊界防務，當局除了派人維修受破壞的鐵絲網外，在邊境禁區線上由東至沙頭角、西至落馬洲再修建高 10 呎、厚 20 呎的鐵絲網，俗稱蛇網（Snake Fence）。[22] 1974 年，港府實行「抵壘政策」，觸發新一波偷渡潮。1978 年，港府禁區界線再沿沙頭角伸展至后海灣，加建鐵絲網，俗稱第二防線。1980 年，港府撤銷抵壘政策，並宣佈實施即捕即解，遣返內地非法入境者。

## 5. 禁區通行證

香港邊境禁區在主要道路設有檢查站，由警員把守，出入檢查站須出示禁區通行證。當地居民的禁區通行證上有個大 R 字，代表居民（resident），外來訪客的通行證上有個大 V 字，表示探訪者（visitor）。根據邊境禁區政策，警方只會向有需要進入邊境禁區的人士發出禁區通行證，能成功申請殊不容易。一般而言，下列人士會被視為有需要進入邊境禁區：

1. 在禁區居住或工作的人士；

---

21 *Hong Kong Government, 1962 Annual Report* (Hong Kong: Government Printer, 1963), p.212.

22 阮志：《入境問禁：香港邊境禁區史》，頁 55。

2. 有需要取道禁區往返居所的人士；
3. 因家族或歷史背景而需要與禁區內的社區保持傳統聯繫的人士；
4. 前往禁區探望親友的人士；
5. 要與禁區內的鄉事委員會聯繫的人士；
6. 在禁區內擁有物業的人士；
7. 受業主所託代為看管其在禁區內的物業的人士；
8. 因工作或業務而要進入禁區的人士；以及
9. 在禁區內學校就讀的學生和要接送這些學生的父母或監護人。[23]

警方會視乎每個申請的情況考慮發出禁區許可證。申請人需提出申請理由，並提交相關證明文件以作支持。一般而言，欲進入邊境禁區的探訪人士，須由相關的邊境禁區居民或機構確認其申請（即俗稱「擔保」的程序），警方才會考慮發出禁區許可證。[24]

---

23 香港警務署網頁〈邊境禁區的檢查站、管制站及村落〉http://www.police.gov.hk/ppp_tc/11_useful_info/licences/cap_fca.html。

24 立法會五題〈邊境禁區〉http://www.info.gov.hk/gia/general/201505/20/P201505200679.htm。

表 4.2　2010 — 2014 年，警方簽發的禁區許可證數目[25]

| 年份 | 數目 |
| --- | --- |
| 2010 | 119,948 |
| 2011 | 125,476 |
| 2012 | 133,703 |
| 2013 | 129,853 |
| 2014 | 125,208 |

## ■ 第二節 ■　禁區中打鼓嶺區發展概況

### 一、戰後初期之打鼓嶺

香港邊境禁區範圍涵蓋深圳河以南的地區，東起沙頭角海，西至米埔，北至深圳河，南至邊界禁區線的地域。這條邊界線全長 27.5 公里，禁區的總面積達 2,800 公頃，相當於香港土地面積的 3%。以沙頭角海為起點，向西延伸至后海灣。禁區邊境西部涵蓋米埔、新田、落馬洲等地；東部則包括打鼓嶺和沙頭角。1950 年初，打鼓嶺區的村落分屬上水區和粉嶺區，[26] 其中有 13 條村落納入禁區範圍。[27] 到

25　香港警務署網頁〈邊境禁區的檢查站、管制站及村落〉http://www.police.gov.hk/ppp_tc/11_useful_info/licences/cap_fca.html。

26　李祈編：《新界概覽》（香港：新界出版社，1954），頁 127-131。

27　打鼓嶺禁區村落包括：木湖、李屋村、竹園、木湖瓦窰、老鼠嶺、鳳凰湖、簡頭圍、香園、塘坊、新屋嶺、羅湖、得月樓和松園下。

了 1950 年代中期人口約 4,000。[28]

**表 4.3 1950 年代初打鼓嶺區村代表** [29]

| 分區 | 村落名稱 | 村代表 |
|---|---|---|
| 上水 | 鳳凰湖 | 楊才 |
| | 香園村 | 萬慶遠 |
| | 坪洋 | 陳華傑、陳華勳 |
| | 新屋嶺 | 張興旭 |
| | 山雞笏 | 林馬蘭、林九福 |
| | 簡頭圍 | 黃伯端 |
| | 木湖村 | 杜葉容 |
| | 木湖磚窰 | 江壽南 |
| | 大埔田 | 彭萬勝 |
| 粉嶺 | 坪洋瓦窰下 | 陳友才 |
| | 坪洋禾徑下 | 陳天生 |
| | 坪（輋）村 | 萬家安 |
| | 塘坊村 | 萬善慶 |

戰後初期，打鼓嶺區荒地甚多，山林密佈，時有虎蹤。其時，當地村民曾多次親眼目擊三虎出沒，初以農民飼養豬隻和耕牛為食。

28 〈打鼓嶺鄉事會揭幕〉，《華僑日報》，1956 年 5 月 3 日。

29 李祈編：《新界概覽》，頁 127-131。

隨着打鼓嶺開發，「發展猛於虎」，上世紀五十年代以後不復見相關報導。[30]

## 二、民生基建

### 1. 墳場 —— 沙嶺墳場

《說文解字》:「殯，死在棺，將遷葬柩，賓遇之。」殯，意即停柩待葬也。中國傳統文化重視「壽終正寢」觀念，先人在家安然去世才算有福氣，遺屬大多光顧長生店。香港華人按照傳統在家辦理喪事，[31] 靈柩停放屋內。喪禮完畢後，仵工抬出靈柩運往墳場落葬，[32] 此過程稱為「出殯」。[33] 今天談起殯儀業，很自然便會聯想起九龍半島紅磡區，不過這只是機緣巧合下發展出來的，這與打鼓嶺區沙嶺墳場之建立也不無關係。

上世紀三十年代，內地政局動盪，加上中日交戰，大批內地難民南遷來港避難。港島區的墳地短缺，供不應求。自 1941 年 1 月 1 日，部分市區葬地移葬到九龍牛池灣七號墳地，由港府負擔運輸棺木

30 〈打鼓嶺三虎出沒 鄉人言之鑿鑿〉,《工商晚報》，1948 年 2 月 5 日；〈新界打鼓嶺 老虎肆虐〉,《香港工商日報》，1950 年 2 月 23 日。

31 英治以後，歐籍人士在港離世，大多交由所屬的宗教團體進行葬禮，如聖約翰座堂常為軍人舉行葬禮。

32 早期香港居住環境狹窄，唐樓的樓梯沒有足夠空間運送棺木。他們需要在樓房外邊搭建棚架，棺木從窗戶運到地面。

33 「出殯」過程中，遺屬途經先人生前工作的地方進行路祭。

的費用。港府原計劃在沙嶺一帶建立墳場。[34] 不過未幾香港淪陷，日方拆去接連墳場的鐵路軌道，墳場內的建築物大受破壞，以至無法如期運作。香港重光後，人口激增，土地供不應求情況日益嚴重。有見及此，港府提倡「生者為大、死者為輕」的觀念，決定修訂原有的計劃，把港九各處臨時墳場遷往和合石墳場和沙嶺墳場，以便撥出空地解決屋荒問題。[35]1950 年 4 月 9 日，沙嶺墳場啟用，分為棺木墓園和金塔墓園。

由於和合石墳場和沙嶺墳場位處新界邊陲，市政衛生局特意建紅磡永別亭，即現時理工大學近火車軌位置，以接收九龍區的靈柩再運往墳場安葬；而港島區的永別亭則建於掃桿埔，位置近東華東院附近。不少九龍區居民都選擇在紅磡永別亭舉行辭靈儀式後，再運往和合石或沙嶺墳場安葬。港府為鼓勵居住在港九的居民使用偏遠的墳場，透過鐵路及渡輪構成一條運輸線，接通和合石墳場與港九兩地。

紅磡碼頭位處鐵路沿線，成為渡輪與九廣鐵路的中轉站。按照規定，但凡經香港運往內地或由內地運回香港的遺體，必須在紅磡永別亭停柩。因地利之便，陸續有殯儀館設於紅磡區，[36] 吸引了長生店相繼在附近一帶營運。紅磡區逐漸成為殯儀業的集中地。每年清明節

---

34 〈粉嶺羅湖兩處墳場來月啟用〉，《華僑日報》，1950 年 11 月 10 日。

35 〈兩處墳場來月啟用 以後遺骸運往安葬〉，《華僑日報》，1950 年 11 月 10 日。

36 1958 年，九龍區已出現第一間殯儀館，名為九龍殯儀館，位於大角咀。現時紅磡區有三間殯儀館，分別是世界殯儀館、福澤殯儀館（前身為紅磡市立殯儀館）和萬國殯儀館。

和重陽節期間，當局開放禁區給掃墓人士進入，九廣鐵路更增開設尖沙咀至和合石墳場的直通車，安排支線連接和合石墳場。[37] 九廣鐵路為方便運輸棺木，特意購入棺柩車。該運棺車一共有十卡，其中一卡為專卡，專為運送一棺柩或兩棺柩者而設；其餘為混合卡，每卡運棺 22 副，每副需收取運費。和合石支線火車站於 1950 年竣工，設施完善，設有站長室、侯車室、票務站、洗手間、電話室和工人房等，1954 年正式投入服務。直到 1970 年初，道路交通網絡發展迅速，運棺車的需求漸減。[38]1983 年，九廣鐵路全線進行電氣化，和合石支線停辦。九巴於清明、重陽時段會加開特別巴士路線，接載孝子賢孫。

1970 年代，港府計劃擴建沙嶺墳場，範圍靠近至深圳河，後遭中方反對，擴展計劃擱置。直到 2013 年政府再次建議擴建沙嶺墳場，計劃興建骨灰安置所、火化爐和殯儀館，民間稱之為「超級殯葬城」，2017 年立法會財委會批出前期工程撥款。然而，深圳及打鼓嶺區村民大表反對，幾經波折，政府終擱置興建「超級殯葬城」。

### 2. 道路 —— 坪輋路

早在 1954 年，打鼓嶺列為禁區後，當地居民有感該區交通不

---

37 如 1955 年清明節，由 4 月 2 日至 8 日，一連七天，每天開放時間由早上八時至下午六時。乘坐私家車前往掃墓者，須預先到上水警署申請通行證。《大公報》，1955 年 4 月 4 日。

38 1971 年，清晨開出的運棺車只設一卡，只運載六副棺木，加上支線日久失修，間中會發生運棺車出軌意外。大公報，〈運棺車卡出軌〉，1971 年 10 月 7 日。

便，提出興建內線公路的要求，避免在接近邊界的公路進出。內線公路計劃由孔嶺進入，途經打鼓嶺禁區 20 多條村落，並與上水石湖墟和粉嶺連接。為此，新界民政署署長黎敦義曾赴該區視察，認同興建公路的迫切性，於是決定修建坪輋路。[39] 據當區老村民憶述，坪輋路原是泥路小徑。坪輋路修建工程正式開展，第一期工程由孔嶺村起至坪輋，屬於單程路，路面狹窄，長約 6,500 呎。第二期工程由坪輋至打鼓嶺警署前，[40] 將現有的坪輋路拓闊一倍至 20 呎，並闢建六呎的行人路。[41]1969 年，當局成立一個補償委員會，專責處理土地補償事宜。[42]

> 自闢有公路（坪輋路）貫通後，鄉民來往及芒業運輸，已大見改善，地方繁榮發展也與日俱進，由於當地民風純樸，地價廉宜，因此近年港九人士移居該區者，不下五六千眾，加上原有鄉民，該區人口估計逾萬眾，使僻靜的鄉區漸見熱鬧。[43]

---

39 〈打鼓嶺區居民　請開闢內線公路　避免在外線禁區進出〉，《華僑日報》，1954 年 9 月 27 日。

40 〈邊區鄉民多年期望實現　打鼓嶺坪輋道動工進行擴闊〉，《華僑日報》，1971 年 1 月 14 日。

41 〈改善邊區打鼓嶺交通　動工擴闊坪輋道〉，《華僑日報》，1970 年 10 月 10 日。

42 〈擴闊打鼓嶺坪輋路　收地段一批　實施之後另定補償〉，《華僑日報》，1969 年 8 月 1 日。

43 〈改進打鼓嶺交通　計劃擴闊坪輋路　並闢支路通山雞乙便利鄉民〉，《華僑日報》，1969 年 8 月 1 日。

└ 圖 4-3　鬼鼠路相信是打鼓嶺居民的集體回憶，有一條秘道繞過檢查站，直接進入打鼓嶺禁區範圍。

1971 年 12 月，坪輋路擴闊工程竣工，[44] 大大改善該區的交通問題，將有助當地經濟發展，加上該區地價便宜，更吸引了一批外來的農民前來開發荒田。上世紀八十年代，政府為了便利交通進一步擴闊道路，卻堵塞了農田的去水位，容易引發水浸。如木湖村便是一例，每逢豪雨、颱風，該村農田例必水浸，蓋因當局把文錦渡路面填高，使木湖村農田的出水位收窄。1986 年 9 月，木湖村因颱風吹襲，雨水倒貫，該村農田全部淹沒，損失慘重，但當局卻未有任何賠償。[45]

### 3. 水利工程

戰後初期，打鼓嶺村民多以耕種為業。由於缺乏可供灌溉的水源，導致該區荒地甚多。

為此當局曾撥款八萬元，興建七個水陂，從而改善居民的生活。[46] 動工初期，打鼓嶺鄉事委員會為解決灌溉問題，特別向政府商借喉管水泵接駁水源，以解燃眉之急。[47] 後回應鄉民訴求，增建至九個水陂和一個蓄水池，分兩期工程進行。

該區原有三度主要河流之河水，可供灌溉之用故興建水陂，係

44 〈打鼓嶺坪輋公路擴建工程慶完成　邊區利交通〉，《華僑日報》，1971 年 12 月 29 日。

45 〈邊區打鼓嶺修路填高去水渠太小　木湖村數百畝耕地農作物水浸受損失　當局調查屬實無賠償村民促解決〉，《華僑日報》，1986 年 10 月 4 日。

46 〈打鼓嶺數千畝曠地彭德計劃開墾種植當局撥八萬興築七個水陂〉，《華僑日報》，1955 年 5 月 12 日

47 〈打鼓嶺區請借水泵〉，《華僑日報》，1955 年 12 月 27 日。

> 在該三度河流之間。計有第一條河流名為石寨下，此處建陂六座，另一畜蓄水池，灌溉範圍包括坪洋、禾徑山、簡頭圍村等；第二條河名為八斗種河，建陂一座；第三條河名為廟徑河，建陂兩座，灌溉範圍包括大埔田村和李屋村等……[48]

部分村落鄰近深圳河，雨季河水高漲，有掩沒農田之險；旱季則水源乾涸，難以灌溉。1956 年，時任農林處長官胡禮巡視農田，視察當地水利情況，計劃開鑿水井。預計每村開設兩至三個水井，以解決農田灌溉問題。[49] 又如料壆村有村民 500 餘，曾有水陂及儲水池，均已坍塌，於是該村村民請求大埔理民府協助重建。1958 年，當局決定撥款七千元，協助陂頭重建工程。[50]

> 該項工程，係在村後山坑上游，建築一條高五呎，闊五呎，長二十呎之水壩，堵截食水，接駁水喉透入鄉村，以供居民食用。又在下游建築一座五呎闊，七呎高，長三十呎之水坡，調節水源，而利灌溉。是項建設，可謂一舉兩得，食用灌溉困

48 〈打鼓嶺區水陂 昨已興工建築〉，《香港工商日報》，1956 年 3 月 28 日。

49 〈打鼓嶺蒔秧絕少　鑿井開源挽救春耕　農林處長官胡禮　昨巡視將予協助〉，《華僑日報》，1956 年 5 月 16 日。

50 〈上水料壆村計劃　建築陂頭儲水池　政府提出兩項計劃由該村選擇〉，《華僑日報》，1958 年 3 月 26 日。

難，俱一併解決。[51]

1958 年 12 月陂頭重建工程竣工，由大埔理民府華樂庭主持揭幕儀式。[52]

## 4. 醫療所 —— 打鼓嶺明愛診療所

打鼓嶺地區地域遼闊，人口分散，醫療設施不足，當地居民面臨就醫不便的情況。二次大戰前，聖約翰救傷隊曾在該區設立醫療站，重光以後便停辦。[53]1950 年初，為便利居民，當局安排流動醫療車前往該區服務。[54] 1960 年代，天主教粉嶺堂區司鐸賴法禹神父（Fr Ambrogio Poletti, PIME）了解當區醫療問題後，與港府爭取興建一所配有留產設施的診所，推薦聖高隆龐傳教女修會的修女前往提供服務。診所的興建經費由天主教福利會出資，樓高兩層，地下是婦產診所，提供 16 張床位，一樓是宿舍及廚房，毗鄰為幼稚園，名為「天主教福利會聖若瑟診所」（Caritas Saint Joseph's Clinic）。1966 年，該診所正式提供服務，共有 18 個醫務人員，當中兩名是醫生。每周政

---

51 〈上水料壆村加強水利建設　政府撥款十千餘元購買材料〉，《華僑日報》，1958 年 7 月 21 日。

52 〈上水料壆村兩水壩今揭幕〉，《華僑日報》，1958 年 12 月 19 日。

53 〈邊界打鼓嶺區急需醫療設備 鄉事會請求從速設醫局〉，《香港工商日報》，1962 年 12 月 7 日；又報載，1941 年前當區已有公主醫局。〈打鼓嶺區鄉人計劃建醫療院〉，《華僑日報》，1960 年 3 月 10 日。

54 〈醫療車每週兩赴打鼓嶺〉，《華僑日報》，1953 年 4 月 16 日。

府醫生會到打鼓嶺診所應診兩次，到了星期六則灣仔律敦治醫生負責，由每月平均有 600 人次的病 人。明愛承擔診所的運作費用，聖高隆龐修女則負責管理診所。[55]

可惜的是，診所在資源短缺的情況下，婦產服務在 1969 年停止服務。打鼓嶺鄉事委員會曾就此事多次向政府反映，要求增設配備產房的醫療設施，不過並未獲得回應。[56] 明愛診療所增設日間托兒服務，協助婦女在耕作期間暫托子女，並獲坪輋萬氏捐地支持，位置於今之明愛打鼓嶺幼兒學校。全盛時期，明愛托兒所照顧超過 110 名幼兒，常有供不應求的情況出現。有見及此，診所曾在當地招募義工，並與其他慈善機構和社區組織合作。1986 年，天主教福利會聖若瑟診所正式停辦。[57] 現時，醫管局設有一間普通科門診診所，提供基本醫療服務。明愛診療所舊址則轉型為安老院和幼稚園，繼續為當區提供服務。

## 5. 農業式微，厭惡性行業集中地

上世紀六十年代，港府為舒緩水荒，在打鼓嶺區興建引水道，把淡水引到儲水庫供市區使用。此舉導致村內井口乾涸，農民只能依

55　林榮鈞、張小蘭、劉慶廣：《默默無聞的服務：香港天主教診所歷史》（香港：香港中文大學天主教研究中心，2023），頁 188-198。

56　〈邊區沙頭角打鼓嶺醫療待增　急需留產所〉，《華僑日報》，1971 年 6 月 22 日。

57　林榮鈞、張小蘭、劉慶廣：《默默無聞的服務：香港天主教診所歷史》（香港：香港中文大學天主教研究中心，2023），頁 188-198。

靠天雨耕作，產量大減，生活日漸艱難。新界很多地區也面對類似情況。為了解決勞動力過剩問題，港府容許原居民移民到英國，尋找工作機會。單是 1966 年，新界原居民移居英國人數就有 2,000 多人；到了 1976 年，在英國謀生的原居民已達 10,000 人。[58] 不少打鼓嶺居民為了尋找謀生出路，選擇離鄉別井，遷移至海外。首選之國家為英國。另一方面，當局加快開發新界新市鎮，着力發展工業。打鼓嶺農民因薪金吸引紛紛轉行，使農地荒蕪。為此，港府發放工廠臨時牌照，改變農地用途，企圖引入資金發展小型工業。自 1970 年代，坪輋劃為臨時工業區，打鼓嶺繼而開設了多間工廠，如醬油、皮革、木廠等，製造就業機會。[59]

與此同時，不少厭惡性行業相繼在該區興建，對打鼓嶺區生態造成嚴重的影響，部分更引起當地居民激烈的反對。如 1975 年 11 月 19 日，大埔理民府宣佈在坪洋村興建瀝青廠，打鼓嶺鄉事委員已接獲當區村民致函反對，鄉事會隨即向理民府轉達反對意見，然而理民府未有擱置興建的計劃。村民擔心瀝青廠造成環境污染，並會發出難聞臭味，影響村民的健康。報載，坪洋村民在打鼓嶺鄉事委員會舉行村民大會，如不獲理民府進一步的回應，「必要時實行將村民私家村路封閉，禁止車輛進出運輸」。[60]

---

58 劉潤和：《新界簡史》（香港：三聯書店，1999），頁 125-145。

59 《華僑日報》，1968 年 12 月 17 日。

60 〈因瀝青廠臭氣難聞　坪洋村民大會反對　推出六名代表　向理民府交涉　計劃封閉私家村路禁運輸〉，《華僑日報》，1976 年 8 月 17 日。

1980 年代初，地政署容許廠商申請臨時廠牌，在打鼓嶺坪輋開設工廠。租約期約一年，以後每三個月續約一次，視乎當地的發展情況而定。批出的牌照是發給業主，只有特殊情況下方發給經營者，但仍然須得到原有業主的同意。[61]

> 申請者之用途，一般係以在大廈不能接納之工業。除以上先決條件外，傳統性之農業，如醬園、籐器、木材等，及需用大量人工之製造者亦獲考慮。露天倉庫亦可考慮……除露天倉庫外，一般臨時廠牌之上蓋建築通常不超過百分之廿五，如有需要，在適當時間可增至百分之五十……[62]

在這情況下，不少原來的荒廢農地改作露天貨倉，且引來更多厭惡性的工業在該區發展。

## 6. 新界東北堆田區

新界東北堆田區位於打鼓嶺東北部的黃茅坑山，又稱為打鼓嶺堆填區。該堆填區的面積為 95 公頃，由遠東環保垃圾堆填有限公司負責運營，於 1995 年開始投入服務。它主要處理的廢物類型包括都

61 〈北區古洞坪輋軍地　三地可申臨時廠牌〉，《華僑日報》，1982 年 8 月 6 日。

62 〈北區古洞坪輋軍地　三地可申臨時廠牌〉，《華僑日報》，1982 年 8 月 6 日。

市廢物、建築廢物和特殊廢物，每日處理量約為 6,800 公噸。[63] 打鼓嶺居民普遍抱怨該堆填區散發出的臭味和污染物對他們的健康造成了影響，同時對深圳河對岸的羅芳村和蓮塘造成了影響。特別是在 2013 年，打鼓嶺垃圾回收場發生火警，釋放出含有苯和二噁英的濃煙，並伴隨著刺鼻氣味向深圳方向蔓延。此事件對深圳南部地區，包括羅湖區、福田區和南山區，引起當地市民不滿香港邊境設有堆田區。2013 年底港府提出新界東北堆填區的擴建計劃，深圳市民對此表示強烈反對。由於短期內未能找到替代方案，該擴建計劃於 2014 年底獲立法會撥款通過。打鼓嶺區鄉事委員會反對此擴建計劃。

## ■ 第三節 ■ 邊境禁區開放與打鼓嶺發展近貌

### 一、禁區開放

2008 年 1 月，特區政府公佈邊境禁區分階段縮減計劃，由原來 2,800 公頃邊境陸地覆蓋範圍，大幅縮減至少於 400 公頃。該計劃拆除原有的禁區及沙頭角墟的邊界圍網和檢查站，並重組邊界巡邏路線。計劃目的是「旨在將邊境禁區縮減至保障公共秩序和邊保安所需的最小範圍，以便當地居民和遊客可以無須申領禁區許可證而進入有關地區」。開放禁區計劃共分為三個階段。

---

63 環境保護署網頁：https://www.epd.gov.hk/epd/tc_chi/environmentinhk/waste/prob_solutions/msw_nent.html

第一階段於 2012 年 2 月 15 日實施，撤除了東西兩端原有的禁區邊界圍網和檢查站，禁區縮減範圍包括米埔和沙頭角周邊地區。保安局副局長主持典禮儀式，宣佈正式關閉沙頭角石湧凹檢查站。當晚，新界鄉議局和沙頭角鄉事會在附近的農莊舉行了盛大的宴會。政府官員、商界人士和鄉事代表乘坐特別安排的開篷巴士駛過被封鎖多年的舊有禁區路段，進入新設立的沙頭角墟檢查站，象徵着邊境禁區時代的交替。翌年六月，第二階段的禁區開放，釋放了洛馬洲至羅湖之間的馬草壟、蠔殼圍等地區的土地。2016 年，第三階段的禁區開放正式實施，解禁了打鼓嶺區，惟保留了介乎橫瀝至沙頭角的一段蓮麻坑路。[64]

2022 年，政府為了吸引旅客，首階段開放沙頭角禁區供旅行團申請遊覽。2024 年 1 月，進一步開放沙頭角，容許每日最多 1,000 名旅客進入除中英街以外之沙頭角遊覽。每日遊客限額分別是 700 名旅行團旅客和 300 名個人旅客，採用先到先得的方式，只須登入警務處網上服務申請平台，便可以免費申請電子旅遊禁區許可證。申請資格不論香港市民或訪港旅客均可申請，可在申請日期當天的上午七時至晚上九時在沙頭角遊覽。[65]

---

64 〈最新邊境禁區界線〉https://www.police.gov.hk/ppp_tc/11_useful_info/licences/remind.html。

65 香港特別行政區政府政府公告〈第二期沙頭角開放計劃明年一月一日展開〉https://www.info.gov.hk/gia/general/202312/18/P2023121500704.htm。

## 二、禁區開放後打鼓嶺之開發

### 1. 蓮塘／香園圍口岸工程

蓮塘／香園圍口岸啟用前，港深邊界共有六個陸路口岸。當中文錦渡、沙頭角、落馬洲和深圳灣屬車輛口岸，羅湖和落馬洲支綫則屬鐵路口岸。2004 年，港深兩地政府開始探討在蓮塘／香園圍興建新口岸的可行性，往後無論是禁區開放或是東北發展等文件也有相關的討論。2008 年，香港政府正式落實進行蓮塘／香園圍口岸工程，預算 2013 年正式動工，並計劃最快 2018 年啟用。2007 年，整個項目工程造價估計約 96 億元，2009 年估價修正為約 81 億元。2011 年，該項目列為國家「十二五」規劃下粵港澳合作的七大項目之一。

> 工程完成後，將成為連接香港與深圳的第七個陸路口岸，把深圳東部過境通道、深惠高速和深汕高速與香港的口岸連接路、粉嶺公路連接起來，加強了香港與粵東、粵東北、江西、福建等地區聯繫，對未來區域合作和發展大有裨益，對推動長遠經濟發展具有十分重要的意義。新口岸可把本港東部通道的過境車輛交通重新分流，紓緩日趨飽和的文錦渡和沙頭角口岸的繁忙交通，大大改善打鼓嶺區出行的交通條件。[66]

66 打鼓嶺慶祝平源天后寶誕演戲理事會：《打鼓嶺區慶祝丁酉年平源天后寶誕》（香港：打鼓嶺區坪源天后廟理事會，2017），頁 54-55。

└ 圖 4-4　2016 年港府實施第三階段禁區開放，坪輋路檢查站完成歷史任務。該檢查站關閉數月後，一輛吊臂車撞毀其上蓋，使拆卸工程提早展開。

隨着工程開展，面對收地賠償、技術困難、人手短缺和建材成本上漲等因素，預算大幅升至 162 億元。2019 年，香園圍公路和龍山隧道投入服務，口岸管制站則延至 2020 年才正式啟用，整項工程總計超過 330 億元。[67]

## 2. 竹園村拆遷重置計劃

蓮塘 / 香園圍口岸的工程，對當地環境造成極大影響，引來當地居民激烈反抗，造成工程多次延誤。首當其衝莫過於口岸大樓的選址。雖名為蓮塘 / 香園圍口岸，但實際位處卻座落於打鼓嶺竹園村。這是眾多選址中成本最低的方案。2008 年，特區政府落實蓮塘口岸規劃後，收地問題接踵而來，其中竹園村拆遷重置處理手法頗具爭議。政府在凍結土地戶籍及人口登記時，只承認戰前已擁有屋地的原居民可獲完整安置賠償，並安排入住鄰近新建的遷置區。村內非原居民則不符合資格，需要自行負擔購置用地及建築費用。自 2010 年起，竹園村居民曾發起多次示威行動，包括到粉嶺政府合署發起示威、紮營佔領、靜坐等行動，又成立臉書「蓮塘口岸工程迫遷關注組」專頁，吸引外界關注。幾經波折，非原居民家庭接受「平房方案」，容許在遷置區旁購買私人農地，並向當局申請興建平房。2016 年起，新竹園村陸續入伙。

---

67 無綫新聞：〈蓮塘口岸工程再超支　總費用增至 354 億〉，2015 年 1 月 5 日 https://news.tvb.com/tc/local/54aa34be6db28c4269000007。

圖 4-5　動工儀式後，香園圍前村長萬秀平拿出 1980 年代草擬新口岸建議書。

圖 4-6　雖然名為香園圍口岸，選址卻坐落於竹園村的範圍內，竹園村被迫遷村，新竹園村建於原址 500 米外，在 2016 年陸續入伙。

### 3. 香園圍公路

為了配合蓮塘／香園圍口岸的落成，港深兩地分別興建連接路，以將新口岸接入各自的公路網絡。本港的連接路名為「香園圍公路」，由土木工程拓展署負責。該公路全長 11 公里，設有雙線雙程分隔道路，包括：兩條隧道、4.5 公里長的高架橋和約 1 公里的地面道路。其中，龍山隧道是新口岸連接路的主要路段，連接粉嶺公路和沙頭角公路的交匯處，全長約 4.8 公里，比大老山隧道長 850 米，成為全港最長的陸上雙管行車隧道，另一條長山隧道則長約 0.7 公里。香園圍公路沿線設有四個交匯處，分別連接粉嶺公路、沙頭角公路、坪洋和蓮麻坑路，以縮短行車時間。駕駛人士可以直接利用香園圍公路往返粉嶺公路，無需經粉嶺市中心，從而緩解該區的交通擠塞情況。從九龍坑駕車前往坪輋和打鼓嶺香園圍，分別需時 15 分鐘和 24 分鐘；香園圍公路啟用後，分別只需約四分鐘和八分鐘，大大節省了時間。2019 年 5 月 26 日，香園圍公路正式投入服務。

圖 4-7　2016 年 4 月 26 日港府與承建商在舊竹園村工地舉行「跨境橋工程動工儀式」。

└ 圖 4-8　坪洋祖墳朝向興建中的坪洋迴旋處。

# 下篇

# 社會文化篇

第 五 章

# 村落與鄉治

## ■ 第一節 ■ 打鼓嶺區村落

1955 年，新界打鼓嶺區鄉事會呈交新界民政署的《打鼓嶺區各村單複姓源流表編造總冊》，記載了 19 條村落，包括：禾徑山、坪洋、李屋村、木湖、竹園、木湖瓦窰、老鼠嶺、鳳凰湖、簡頭圍、香園、塘坊、坪輋、新屋嶺、山雞乙上村、山雞乙下村、大埔田、羅湖、得月樓和松園下。[1] 按 1984 年《中英關於香港前途的協議草案的白皮書》規定，原居民可享有在其鄉村建屋的權利。[2] 原居村民是指年滿 18 歲，父系源自 1898 年時為認可鄉村居民的男子，而認可鄉村則為經地政總署署長核准的「在新界小型屋宇政策下之認可鄉村名

---

1 《打鼓嶺區各村單複姓源流表編造總冊》（1955），香港歷史檔案館：HKRS634-1-7。

2 一名原居村民一生可向當局申請批准一次，在其所屬的鄉村內的合適土地，建造一所小型屋宇自住。

冊」的鄉村。[3] 打鼓嶺區認可鄉村包括：坪輋、坪洋、木湖、瓦窰下、李屋、松園下、鳳凰湖、簡頭圍、塘坊、新屋嶺、竹園、山雞笏、香園圍、大埔田、老鼠嶺和禾徑山。[4]

## 一、認可鄉村

### 1. 坪洋

坪洋村為陳姓所創建，原籍福建上杭，後遷入廣東五華，崇禎年間再遷入新安，屬客家原居民村落。坪洋村平地多，位處打鼓嶺平原中部，靠近平原河北支流旁，水源充足，利於灌溉。昔日，坪洋村以耕種與養豬為主，更曾在村後闢荔枝園。[5] 按 1955 年《打鼓嶺區各村單複姓源流表編造總冊》載，九世叔祖棟國從五華帶兩姪兒陟雲、陟乾遷入坪洋落戶[6] 是為坪洋陳氏三大房，並組成同慶堂。[7] 陳氏宗祠門聯為「胡公世澤　穎水家聲」，據村中父老所告，坪洋陳氏本姓胡，由於祖先封地於陳國，故取國姓，即陳姓，有關傳言有待考證。1995 年前打鼓嶺鄉事委員會主席陳金華為加強鄰近村落團結，與禾徑山和

---

3　按新界原有鄉村名冊載，分為九個地區，分別是離島、葵青、北區、西貢、沙田、大埔、荃灣、屯門和元朗，共有 686 條村落。

4　新界小型屋宇政策下之認可鄉村名冊 https://www.landsd.gov.hk/doc/tc/small-house/rv0909_text.pdf。

5　司馬龍：《新界滄桑話鄉情》，頁 149-150。

6　《打鼓嶺區各村單複姓源流表編造總冊》（1955），香港歷史檔案館：HKRS634-1-7。

7　北區文獻：坪洋村陳少秀先生訪問，1982 年 8 月 5 日。

瓦窰下合建坪洋三鄉村公所。

### 2. 坪輋

坪輋是由老圍、隔田、元下組成的村落，由萬氏所建立，奉萬氏七世祖允吉公為開基祖。明初萬氏遷入坪輋水圍，後搬到老圍定居，據村中老者相告，當地曾發生瘟疫，老圍萬氏分遷元下、隔田和塘坊。

### 3. 禾徑山

坪洋與坪輋之東面，各有一小山嶺，分別為禾徑山（海拔 297 米）與長山（海拔 167 米）。兩山之間有一古道，昔日為沙頭角村民前往深圳墟的主要通道。大鵬灣沿岸所產的鹽，亦有挑伕沿此古道擔往深圳墟轉銷。坪洋村、禾徑山、瓦窰下合稱坪洋三鄉。[8] 禾徑山村由葉、傅、劉三姓氏聚居，其中傅氏入遷最早，約明代末年已建村。[9]

### 4. 瓦窰下

瓦窰下顧名思義因燒製磚瓦而得名，該村是由陳氏涉乾公後人從坪洋分遷建立。據村中老者相告，該村原有三座瓦窰，於 1960 年

---

8　2007 年，坪洋三鄉聯合建設村公所。

9　上世紀五十年代約有一百人。詳見司馬龍：《新界滄桑話鄉情》，頁 156-158。

└ 圖 5-1　禾徑山村樟樹，攝於 2013 年。

圖 5-2 昔日鄉村入口鮮建有牌樓，隨着打鼓嶺區的蓮塘口岸上馬，不少祠堂重修，更有村落建牌樓。圖中是開光前瓦窰下牌樓。

代相繼停產，因乏人打理，今已荒廢。

## 5. 木湖

木湖村土名「望田」，[10] 俗稱李木湖。木湖位於深圳河畔，西鄰文錦渡，南隔一片農田與新屋嶺相望，東面為木湖磚窰村，北臨深圳河上游一處土名「三孖河」的河叉。[11] 木湖村由杜氏、黃氏和任氏聚居，該村之杜氏原籍江西撫川，後遷入深圳向東村。明正德年間遷木湖村。為了防範黃貝嶺進犯，三姓於 1700 年代合資興建圍門，門內供奉土地，圍門正門入口直達盡處為三和堂。

瓦窰村位於木湖村之北，又稱為木湖瓦窰。1960 年代人口約 180 人，他們多以耕種為業。今舊屋多已無存，村屋多為兩層高之新式房舍，村內的古蹟有一座拖樓式炮樓和磚窰遺址。村民組織花炮會，慶祝天后誕，並把花炮上的福品供奉於天后廟仔。[12]

## 6. 週田村

週田村原稱老鼠嶺，其得名是由於村鄰近有山嶺，形似老鼠，故而命名。[13] 該村主要是杜氏、蕭氏和何氏聚居，屬於雜姓村。杜氏

10 〈打鼓嶺三和校落成〉，《華僑日報》，1958 年 12 月 30 日。

11 司馬龍：《新界滄桑話鄉情》，頁 151-153。

12 瓦窰村天后廟仔用鐵皮搭蓋，對聯曰：「英風遠屆江天外 坤德長垂澤國中」。

13 據村中老者相告，村旁有上水侯氏風水名穴「貓狸捕鼠」，墳墓朝向老鼠嶺，猶如貓兒撲向老鼠。為此，老鼠嶺村民在山丘上建貓廟，以風水剋風水，不過逐廟已倒塌。

由深圳向東村遷入，何氏則從沙田角鹽田遷入。老鼠嶺蕭氏開基祖因在該村行醫，後來便定居下來。村中有蕭氏宗祠，為單間青磚建廊屋。村後有週田學校，已經停辦，為斗廊屋改建而成。另有觀泰家塾，亦是單間青磚屋，今已用作民居。村內有蕭氏金字頂大屋，樓高三層，前有騎樓。其頂築女兒牆，中作牌樓狀，牌樓上嵌「仁德為懷」字樣，惜頗剝落。屋前為天階，前為矮牆，有圍門出入。村內舊式廊屋多已圮廢，或已改建成新式兩層村屋，無其他廟宇可考。[14]

## 7. 李屋

李屋村位於週田村南面，為廣東寶安李氏於明正德年間所創立。該村為排屋村，由三排單廊屋組成。正面中央為李氏宗祠，兩進單間式，內奉李氏堂上歷代祖先，且供奉高莆村族人和李仲莊的神位。其旁為李屋村公所，新建兩間兩層。左首不遠處有彥斐堂，供奉彥斐公和李氏歷代祖先神位。村內有數間單廊青磚屋，保存頗佳。[15]

## 8. 松園下

松園下又名松園廈、松園吓或松元下，位處打鼓嶺東部。松園下隸屬新安縣六都，嘉慶年間改列為官富司管屬客籍村落。[16] 據何氏

14 蕭國健：《香港新界北部鄉村之歷史與風貌》，頁 89-90。

15 蕭國健：《香港新界北部鄉村之歷史與風貌》，頁 91-95。

16 詳見劉智鵬、劉蜀永編：《《新安縣志》香港史料選》。

族譜記載，松園下何氏一族本是何真之後裔，因明初藍玉造反案，為避抄家之禍四散各地。何真二子何華和五子何崇逃回泥崗開基建村，[17] 於明末年間輾轉遷入打鼓嶺，建立松園下。1960 年代該村人口約 120 人。[18]

## 9. 鳳凰湖

鳳凰湖村位於打鼓嶺中部，四面環山，有天然屏障，且臨湖而居。村後有一座風水林，林中有一小湖，雀鳥多棲息其間。據說，某天有村民在林中乘涼，忽見一雙異鳥，頂有鳳冠，身披彩羽，與傳說中的鳳凰無異。村民認為「鳳凰無寶不落」，故以鳳凰湖命名該村，並作聯以誌此事，云：「鳳凰來寶地，湖村換新天。」[19] 鳳凰湖村是雜姓村落，最先遷入該地者為易、楊二姓，客家吳氏隨後遷入。易氏原籍山西太原，唐宋以還，移居廣東鶴山。清初遷入元朗大棠白沙村。後因遇災荒，元朗大棠地方資源不足，部分易氏族人移居鳳凰湖；[20] 楊氏原居廣東惠州，首遷深圳布吉及橫崗，繼遷沙頭角鎖羅盆，道光年間始遷鳳凰湖村；吳氏原居廣東惠州，清初遷入沙頭角沙欄下村，至十九世紀末，部分吳氏族人遷入鳳凰湖村。

---

17 劉智鵬、劉蜀永編：《《新安縣志》香港史料選》，頁 85-89。

18 〈陸端巡視打鼓嶺邊區尋求解決食水問題 短期內接駁街喉應用解答地方建設等問題〉，《華僑日報》，1963 年 3 月 8 日。

19 《新界北區打鼓嶺鳳凰湖村公所開幕誌慶特刊》單張，年份不詳。

20 陳溢晃編：《旅行家》第十八冊（香港：香山學社，2008），頁 127。

### 10. 簡頭圍

簡頭圍原稱澗頭圍。[21] 簡頭圍位於週田村之東，處於打鼓嶺坪輋路與平原河交界位置，為黃、陳和羅氏三姓人士創立。嘉慶年間，陳氏自東莞遷入；同治年間，黃氏自沙頭角鎖羅盆村遷入，羅氏則從羅芳村遷入。[22] 村內建有村公所。

### 11. 塘坊

塘坊村由黃、萬兩姓建村，其中以萬氏人口較多。萬氏是由坪輋分遷而來。黃氏則於民國十六年（1927）自鎖羅盆村或鄰近簡頭圍遷入。[23] 村內一座大宅，名為福善第，是由萬容章於 1921 年所建，此古蹟未獲任何歷史建築評級。

### 12. 新屋嶺

新屋嶺位於文錦渡路與打鼓嶺道交匯處之南，北望文錦渡、木湖一帶，位當交通要。[24] 新屋嶺張氏原居黃貝嶺，明正德年間遷入，以農耕為業。查黃貝嶺張氏分四大房，分別是長房張勤園、二房張

---

21 "Appendex No.3," in "Report by Mr. Steward Lockhart on the Extension of the Colony of Hong Kong," in *Hong Kong: Extracts from Papers Relating to the Extension of the Colony of Hong Kong, Sessional Papers*, 1899, pp. 201-207.

22 蕭國健：《香港新界北部鄉村之歷史與風貌》，頁 85。

23 蕭國健：《香港新界北部鄉村之歷史與風貌》，頁 87-88。

24 司馬龍：《新界滄桑話鄉情》，頁 133-134。

隱溪、三房張隱波和四房張愛泉[25]，而新屋嶺張氏屬長房，為三房所迫走，遷至深圳河以南建村。[26]新屋嶺屬於圍村，村屋前有圍門及矮圍牆，圍門上嵌「新屋居」，圍內房舍三排，排列整齊，前排左首盡處為張氏家祠，兩進單間式建築。[27]現村旁有新屋嶺村公所，前座單層，後座高兩層，新式建造。[28]新屋嶺位於南面有練靶場，故而命之。

## 13. 竹園

竹園村又稱竹元村，位較寮村之北，分為老圍、新村和竹園南。竹園村與深圳羅芳村本屬同一村落。按《報告書》載，羅芳村位處新安縣深圳洞（Sham Chun Division），坐擁交通要道。[29]羅芳村又稱羅坊村，由姚、陳、邱、羅等姓所創立。明末姚氏自廣東惠陽遷入；康熙年間邱氏自惠陽遷入。[30] 1898 年，英國租借新界，羅芳村（羅坊）位處中英邊界，被迫一分為二，位於英界部分稱為竹園。[31]村

25 深圳黃貝嶺村張氏祖墓序言

26 前打鼓嶺鄉事委員會主席張伙泰，17/2/2017。

27 1997 年重修，舊貌全失，中奉祖先神主十位，供桌下設土地龍神神位。牆上有 1997 年重修捐者芳名碑。

28 新屋嶺村公所於 1975 年籌建，部分興建費用由張靖軒堂及張義和館籌款得來，1978 年 4 月 1 日舉行開幕典禮。詳見華僑日報，2/4/1978。

29 "Appendex No.3," in "Report by Mr. Steward Lockhart on the Extension of the Colony of Hong Kong," in *Hong Kong: Extracts from Papers Relating to the Extension of the Colony of Hong Kong, Sessional Papers*, 1899, pp. 201-207.

30 蕭國健：《香港新界北部鄉村之歷史與風貌》，頁 86。

31 姚新財指出，當地周圍竹樹甚多，因而命名。姚新財訪問，2016 年 5 月 3 日。

民在深圳河兩岸均擁有耕地，長期以來兩地村民往來頻繁，未受邊界隔阻。二次大戰後，國共內戰，港府唯恐波及本區，特別在邊境設立布防。竹園村位處河岸邊界，兩地居民仍然能跨境耕作。上世紀六十年代，人口約 170 人，該村農地多屬租戶耕種。[32] 村中老者相告，老圍風水不佳，時常為水患侵擾，村內子女多夭折。約上世紀六十年代始，竹園老圍居民陸續遷到新村，導致老圍荒廢，房屋倒塌。蓮塘口岸動工期間，竹園村未拆遷前，竹園姚氏和邱氏祠堂仍有香火。[33] 村口有一神壇，供奉天后，每年竹園村民均有參與坪輋天后廟舉行之天后誕。

## 14. 山雞笏

山雞乙是雜姓村。林氏最初由深圳塘尾仔遷入山雞乙，以農耕為業，劉氏和蔡氏隨後入遷。[34] 該地形像山雞，又呈弧形，故命名為「山雞笏」，由於客家話的「笏」與粵語的「屈」相近，故被流傳成「山雞窟」（音屈）。另一說法是，該村鄰近有山溪，因「溪」與「雞」讀音類似，又誤把山溪讀成山雞。

---

32　〈陸端巡視打鼓嶺邊區尋求解決食水問題 短期內接駁街喉應用解答地方建設等問題〉，《華僑日報》，1963 年 3 月 8 日。

33　另有一說法，竹園新村約建於上世紀八十年代，此兩說皆有待考證。

34　司馬龍：《新界滄桑話鄉情》，頁 151-153。

### 15. 香園圍

香園村被稱為香港最北村落，又稱香橼圍或香園圍，位於打鼓嶺東部，北望深圳蓮塘。該村地處白虎山以南，分上香園與下香園，為萬氏所創建。康熙年間，香園村隸屬新安縣五都，嘉慶年間改列為官富司管屬客籍村落。[35] 原籍五華的萬氏於乾隆年間遷至蓮塘，後再分遷到香園圍建村。

### 16. 大埔田

大埔田原稱大莆田，由蔡氏、彭氏和歐氏所建立，屬官富司管屬村莊。按 1955 年村落調查，歐氏從明崇禎九年（1636）從順德遷入，蔡氏和彭氏則於康熙年間移居大埔田。據說蔡氏篤信風水，聽從風水先生建議，族人不宜久居一地。他們輾轉把部分田地售予客家東莞彭氏，並遷到別處居住。[36] 大埔田現存有功名石四塊，以茲證明該村有另一支蔡氏從蔡屋圍入遷。從前大埔田建有圍牆，村內有一廟宇，供奉大王和伯公，今遺址難尋。[37]

## 二、居民村

上世紀六七十年代，內地政治動盪，災荒連年。打鼓嶺區因位

35 詳見劉智鵬、劉蜀永編：《《新安縣志》香港史料選》。

36 《北區文獻》：1982 年 6 月 8 日，大埔田村鍾先生、黃女士訪問。

37 有指村中樹旁供奉伯公和大王附近為舊時廟址的位置，此有待研究。

處邊境地帶，大量難民遷入該區，部分向原居民租借耕地，久而久之形成村落。

### 1. 得月樓

得月樓約建於二十世紀初，其位於羅湖村與料壆之間，臨近梧桐河與深圳河交匯處，接近邊境孔道，交通便利。[38] 從前得月樓附近有橫水渡，由羅湖村袁氏經營，因而村民前往深圳常路過此地。[39] 戰前當地有一間得月酒家，逐漸成為他們的聚腳休息地方，由於享負盛名，後來更演變為村名。得月樓屬雜姓村，分別為盧氏、馮氏和袁氏，以後兩姓的居民為多數。馮氏由料壆遷入立村，袁氏則來自深圳羅湖村。得月樓位處低窪地帶，易遭水患，在村南建有防洪庇護站。1960 年代人口約 23 戶，村民多以搬運及打磚為業。[40]

### 2. 沙嶺

顧名思義，沙嶺村因鄰近沙嶺而得名。沙嶺為高約 100 米的小山嶺。新界租借以後由測量官命名為「Sandy Ridge」，意譯沙嶺。沙嶺

---

38 〈警隊昨大搜邊境得月樓 拘捕七十餘人〉，《工商日報》，1951 年 3 月 11 日。

39 深圳河另有橫水渡由蔡屋圍經營，後來由料壆村接手經營。《北區文獻》，1982 年 8 月 10 日，料壆料馮滿朝訪問。

40 〈陸端巡視打鼓嶺邊區尋求解決食水問題 短期內接駁街喉應用解答地方建設等問題〉，《華僑日報》，1963 年 3 月 8 日。

村位於羅湖南面，古稱長莆頭，[41] 另一說法是水口嶺。[42] 上世紀六十年代，許多潮汕地區的居民遷往該地，搭建寮屋，逐漸形成村落。由於村口有茂密的竹林，故又稱沙嶺竹園村。村民主要姓張、鄭、梁和田等，他們大多從木湖瓦窰遷往此處，最初以農耕和豬養殖為生。1984 年 6 月 16 日，沙嶺村成立「沙嶺村居民福利會」，並舉行第一屆執行委員就職暨會員聯歡大會，任期兩年。[43] 目前，村內大約有一百戶居民。村落的建築主要是平房，並設有村公所和沙嶺村盂蘭會辦事處。村口有一座土地神廟，供奉着「本坊護村社稷大王之神位」和「本坊福德正神之神位」。

### 3. 較寮村

較寮村又稱「九寮」，原名絞寮，位於竹園南面、簡頭圍以北。[44] 約上世紀五十年代建村，居民多陳姓，自深圳羅芳村遷入。[45] 村

---

41 周樹佳：《鬼月鈎沉：中元、盂蘭、餓鬼節》（香港：中華書局，2015），頁 227 至 231。

42 郭志標〈沙嶺同福義塚及其碑文初考〉云「沿山脊東行……有一張氏山墳，土名「水口嶺」……水口嶺一名，懷疑是沙嶺的原來土名」。詳見郭志標：〈沙嶺同福義塚及其碑文初考〉，載蕭國健、游子安編：《鑪鋒古今：香港歷史文化論集 2015》，頁 166-181。

43 張人龍曾在第四屆沙嶺村居民福利會就職禮提到，「福利會顧名思義，既盡義務，且不牟利，一切捨身為居民服務，為地方上，謀求安居，從而協助政府推動地方上有建設性活動，對居民有益身心事項，使居民在日常生活中力求守望相助，發揮互惠而得益」。詳見〈中沙嶺村居民福利會　新執委就職　決守望互惠〉，《華僑日報》，1988 年 6 月 24 日；〈沙嶺村民組福利會　齊心協力改善環境〉，《華僑日報》，1984 年 6 月 17 日。

44 阮志：《入境問禁：香港邊境禁區史》，頁 105。

45 村為排屋村，村屋皆兩層新型屋宇，各屋前有矮牆及鐵欄圍繞。村內無廟宇及祠堂等文物。

內小徑北行接邊界道路，可到達一邊界橋樑，是始建於清朝的羅芳橋所在，後為過境耕作的一個口岸。現時該橋的耕作口有一警崗，只允許深圳方面人士進出該橋，而港方人員則不准經此橋前往深圳。[46]

### 4. 昇平村

上世紀六十年代，昇平學校遷校至坪輋村，因之位處偏僻，招募教師任教甚為困難。有見及此，校方在昇平學校旁建寮屋，提供住宿地方給教職員，逐漸形成村落，名為昇平村。[47]1994 年，昇平學校停辦，曾一度荒廢，後經各方協調，把學校舊址興建過渡性房屋和長者中心，命名為博愛昇平村。顧名思義，該項目由博愛醫院承辦，提供 601 個單位。2023 年 1 月正式動工，預計 2024 年第二季度入伙。[48]

### 5. 羅湖

羅湖又稱螺湖，傳謂因該處耕地多田螺生長之故。[49] 另外，據村民相告，羅湖村地處低窪地帶，易有水患，幸而易漲易退，猶如籮筐裝水，故此命名。[50] 還有一說法，羅湖「最早是水澤之地，因與羅溪

46　蕭國健：《香港新界北部鄉村之歷史與風貌》，頁 86。

47　昇平村村民露姐訪問，2017 年 9 月 17 日。

48　博愛昇平村網頁 https://singping.pokoi.org.hk/。

49　阮志：《入境問禁：香港邊境禁區史》，頁 108-109。

50　羅湖村村民訪問，2015 年 2 月 12 日。

溝通，故有羅湖之稱」。[51] 羅湖村位於交通要衝，深圳河與梧桐河的交匯處，沙嶺西面山腳。羅湖村是客家人村落，以袁氏和羅氏為主，其中以袁氏勢力較強。袁氏居於今河南省汝南縣一帶，約 600 年前遷至羅湖。全村原分為六個坊。羅湖村鄰近深圳墟與東門老街，只是一河之隔，從前設有羅湖渡往來兩地，後來建羅湖橋方便大眾。[52] 二次大戰以後，梁氏和周氏等在深圳河對岸建立羅湖村，因地近沙嶺墳場，不少村民多經營石廠，以製造墓碑為業。隨着人口增加，村內於 1962 年開辦羅湖公立學校，更有來自鄰近村落得月樓、沙嶺等學生修讀，2005 年因收生不足而停辦。

### 6. 坪洋新村

坪洋新村因位近坪洋村而命名。2012 年，港府提出「新界東北發展計劃」，坪洋新村面臨清拆的命運。村民組成「打鼓嶺坪輋保衛家園聯盟」，並與藝術團體合作，在村內展開繪製壁畫活動，藉此吸引外界關注，稱此村為「壁畫村」。壁畫不僅美化村容，吸引了不少遊客到訪，一度成為文青「打咭」的熱點。後來，經當局修訂方案，坪輋／打鼓嶺終剔出新界東北新發展區計劃。

51 程建編著：《深圳風物志：第二輯　家族記憶卷》（深圳：海天出版社，2020），頁 144-146。

52 郭志標：〈沙嶺同福義塚及其碑文初考〉，載蕭國健、游子安編：《鑪鋒古今：香港歷史文化論集 2015》，頁 166-181。

└ 圖 5-3　壁畫村曾是熱門「打咭」勝地，遊人太多反造成滋擾，屋主不勝其煩，唯有出下策塗污壁畫。

## ■ 第二節 ■ 打鼓嶺區的鄉治

### 一、理民府

清代香港地區隸屬新安縣，縣治設於南頭城，本港的村落受官富巡檢司管轄，分為官富司管屬村庄及官富司管屬客籍村庄。官富巡檢司設在赤尾村，其位置於今深圳河畔，管理深圳部分村落和香港邊境村落。為了便利距離司署較遠的村落，村落組織鄉約，以求互相照應。1898 年以前，新安縣下分三鄉（思德鄉、延福鄉、歸城鄉）七都，新界邊境村落屬歸城鄉第六都。[53] 新界地區由官諭選舉區內紳耆或族中德高望重者掌事。清代在地方推行保甲制：以十戶為一排，十排為一甲，十甲為一保（里），設一地保及一總理，皆紳耆推舉，並獲官諭。[54] 村務由父老及族長管理。他們需有資產、學識及民望，負責約束村民，稟報不法之徒，與鄉保、總理協辦村內條約，遇冬防及團練時，協助總理即抽村內壯丁，幫助丈量委員丈量田地。族長由族人推選，肩負察舉族內良莠及約束族內弟子之責。[55]

新界租借初期，負責管理新界的官員主要是助理警司（Assistant

53 詳見劉智鵬、劉蜀永編：《《新安縣志》香港史料選》一書。

54 地保又稱鄉保，屬胥役，為今警察之一種，負責查覆稟請鄉賢、名宦及節孝等之入祀，查報候選與候補官吏及赴考員之身家，協助捕捉案犯，查察不善之徒，看管未決之犯人，協辦保甲、鄉村聯盟、冬防及團練等事務，查報田園及賦役；總理為人正直，須有家室及正業，負責協辦鄉村聯盟、冬防及團練等事務，縞審保甲，發給門牌，協助鄉保辦理區內居民之錢穀、戶籍及婚嫁等事宜，轉達官方命令於區內及管理公共事業。詳見蕭國健：《香港新界之歷史與文化》，頁 5-6。

55 蕭國健：《香港新界之歷史與文化》，頁 5-6。

Superintendent of Police）及助理田土官（Assistant Land Officer），新界行政總部設於大埔。[56] 直到 1906 年，香港政府正式成立理民府，將新界分成南、北兩約，北約理民府設在大埔，南約理民府則設於港島。[57] 1907 年 9 月，北約助理警司的職銜改稱北約理民官，中文譯為理民府官。其辦事處名為 District Office，中文譯作理民府；南約則由一名助理田土官負責。[58] 1908 年，港府進一步賦予理民官職權，新界行政管理完全由北約及南約理民官負責。惟部分事務除外，包括警政交由總警司（Captain Superintendent of Police）管理；200 港元以上的民事索償須交予最高法院審理，土地測量仍須由工務局主理。[59]

迄至 1910 年，北約理民府下轄大埔、上粉沙打、西貢、元朗和青山五個區。打鼓嶺屬於北約理民府的上粉沙打區。南約助理田土官再改稱助理理民府官（Assistant District Officer），並擁有警察裁判官（1911 年 4 月開始）及助理警司的職銜。[60] 1913 年，助理南約理民官晉升為南約理民官，正式與北約理民官分庭抗禮。1920 年，南約副理民府官正式改名為南約理民府官（District Officer, Southern

56 G.N. Orme, "Report on the New Territories, 1899-1912," *Hong Kong Sessional Paper, 1912*; *A Documentary History of Hong Kong: Government and Politics*, 9th June, 1912, p. 38.

57 *Hong Kong Government Gazette*, 15th March, 1906.

58 *Hong Kong Government Gazette*, 23rd September, 1907.

59 *Hong Kong Sessional Paper*, 1912; *A Documentary History of Hong Kong: Government and Politics*, p.39.

60 黃文江：〈簡述理民府官〉，載劉智鵬主編：《展拓界址 —— 英治新界早期歷史探索》，頁 64-68。

District）。部分南約的新界地段劃分為新九龍，其裁判管轄就由南約理民府專交由九龍裁判法院處理。[61] 村務在理民府制度下，基本上仍由村民自理，與清朝時的地方行政架構相若。這套行政制度遠較市區行使的鬆散，亦使原來地方自治和大族的權力制度得以持續。民政署長班駱（John Barrow）形容理民府的工作是「父母官」，惟實際村務運作也要依靠鄉紳（elders）。

香港重光後，新界的行政分區也產生變化，分為八區，分別是荃灣、元朗、新田、上水、沙頭角、大埔、沙田和西貢。1947 年，當局設立新界理民府官，下設三位助理理民府官，協助新界理民府官管理三個分區。每區設一理民府，分別為大埔理民府、元朗理民府、南約理民府。

1. 大埔理民府：統轄地區為大埔、沙田、粉嶺、上水、沙頭角、羅湖、文錦渡；
2. 元朗理民府：統轄地區為元朗十八鄉、錦田、八鄉、新田、屏山、厦村、青山、流浮山。
3. 南約理民府：統轄地區為荃灣、青衣、西貢、長洲、坪洲、大嶼山之大澳、東涌、梅窩及南丫島，以及本地所屬全部島嶼。[62]

1948 年，新界理民府官易名為新界民政署署長（District

61 張少強：《管治新界：地權、父權與主權》（香港：中華書局，2016），頁 27-34。

62 李祈編：《新界概覽》，頁 74-77。

Commissioner, New Territories），是管理新界最高的官員，並復設理民府官，負責管理元朗、大埔、南約三區。1952 年，新界民政署（New Territories Administration）專責租賃官地，審批農地使用及建築事宜。1957 年 11 月，增設一名理民府官，辦事處設在大嶼山梅窩，亦屬南約；新界民政署署長仍管理元朗、大埔和南約。1959 年 9 月，荃灣增設一名理民府官。1969 年 2 月 28 日起，新界民政署下設七處理民府，計有元朗理民府、屯門理民府、大埔理民府、沙田理民府、荃灣理民府、西貢理民府及離島理民府。雖然新界分區時有演變，但在理民府制度下，打鼓嶺基本上是隸屬大埔理民府，屬於上水區。1974 年，新界民政署由新界政務司執管，而理民府官增至七位。1979 年，大埔理民府剔出上水、粉嶺、沙頭角一帶，設立北區理民府。1982 年，各區理民府改為政務處。[63]

## 二、村代表

英治後，新界初行村代表制。過去，每一村內有父老或鄉紳不定期聚會，處理村中事務。他們公認為地方領袖，在地方具有相當影響力，負責管理鄉村大小事務。1926 年，港督金文泰（Sir Cecil Clementi）任命新界各區的鄉紳出任「諮議」（Tsz Yi）和「鄉長」（Head Borough），協助理民官管理新界村落，並為政府推行之政策提供意見。理論上，「諮議」和「鄉長」任期一年，前者的職責相等於「（戰

63　黃文江：〈簡述理民府官〉，頁 64-68。

後）由鄉事委員會主席資格而出任鄉議局的當然執行議員」，後者相等於現時之村代表。新界鄉議會的議員，多由地區有名望的鄉長擔任，而資深的區議員和商界領袖則出任諮議。

二次大戰以後，新界理民府鼓勵各村民投票選出自己代表。為免村代表制度被外來人士操縱，港府只容許居住新界七年以上，領有食米配給證的人才可投票。一般而言，每年村長改選一次，由村中長老推選，每一戶可投一票，可以無限次連任，每次可選出一至三名村代表。初時村代表的多寡與村民人數沒有直接關係。後來，村代表選舉規定村落人數有 40 至 100 人，或歷史悠久的村落均可以選出一名村代表，而小村落則可以聯合數村選出一名村代表；人口較多的村落更可有最多四名村代表。上世紀五十年代，新界區內各村每次進行選村長，須預先通知該區就近的警署。選舉當天，理民府會派員監場，同時警員亦會維持秩序。[64] 由於打鼓嶺位處禁區地帶，經濟不佳，很多村民陸續移居英國等地尋找工作機會，或外出市區工作，無暇理會村中事務。願意參與村政的村民廖廖可數，對村長選舉不甚重視，所以村代表往往連任二、三十年。[65]

早期村代表一職屬義務性質，沒有固定薪酬，只會間中收取村民「茶錢」，間或在處理村務過程中獲得報酬。如協助辦理鄉民的出世紙，以便他們申請移居英國。某程度上，村代表作為村民與政府的

64 薛鳳旋、鄺智文：《新界鄉議局史 —— 由租借地到一國兩制》，頁 87-94。

65 劉蜀永、蘇萬興編：《蓮麻坑村志》，頁 53-56。

橋樑，既代表村民轉達民情，與政府溝通交涉，更為政府之政策收集意見，以便落實推行。此外，村代表也擔當公證人的角色，參與土地買賣的見證人，並不時處理村內的爭執，調解村民的衝突。2000 年，終審法院在處理「陳華案」時，具體交代村代表的工作：[66]

1. 確認原居民身份，使居民有權申請丁屋、豁免地租和差餉；
2. 安排及確認山邊安葬事宜；
3. 確認海外回流的原居民後裔的身份，安排領取香港身份證明文件；
4. 為村民申請丁屋、搬村、收地、賠償、投訴等事宜與政府聯繫；
5. 向村民解釋政府政策。

1994 年 8 月，港府改革村代表選舉制度，推行《村代表選舉規則範本》，簡稱《規則範本》。按照新修訂村代長的規則，規定新界鄉村村代表任期四年，可以無限次連任。最重要的改革是由每戶一票改為每人一票。2003 年，特區政府通過《村代表選舉條例》，規定每四年選出一位原居民村長和一位非原居民村長，以及再選出一名原居民村代表，同樣是無限次連任。非原居民只要居住該村夠三年時間便可以參與選舉。如果村中沒有非原居民居住，非原居民村長可以由原居民擔任。[67] 2003 年 8 月，舉行第一次雙村長制下的村代表選舉，選

66 薛鳳旋、鄺智文：《新界鄉議局史 —— 由租借地到一國兩制》，頁 87-94。

67 劉蜀永、蘇萬興編：《蓮麻坑村志》，頁 53-56。

出居民代表和原居民代表。[68] 2007 年的村代表選舉共有 324 個席位，由 632 位候選人競逐。[69] 2011 年 1 月，第三次雙村代表選舉中，登記成為選民的人數大增，共有 18 萬人符合選民資格。該年共有 1,752 位候選人，其中 808 位角逐 414 個席位。居民與原居民投票率超過六成。[70] 今打鼓嶺區共有 41 個村代表席位，其中坪洋獲配五個村代表名額，數量最多。

## 三、昇平社

打鼓嶺鄉事委員會前身為昇平社。據夏思義研究，打鼓嶺六約與黃貝嶺張氏發生械鬥，雖然獲得勝利，但有感黃貝嶺張氏威脅仍在，遂組成昇平社，建立按時巡村的制度。隨後昇平社演變為團結六約的組織，管理村落之間的事務。[71] 昇平社購置田產土地，收取的租金用於六約鄉民福利。其設有司理一職，從六約中各派二名代表出任，管理昇平社事務，並按年每約負責管理昇平社田產。

二次大戰以前，每十年「會約」一次。凡十六歲以上的男丁可享用一頓豐富的盛宴，吃的是客家炆豬肉。六約女性在舊日重男輕女的

68 該年選舉共有 1,480 個席位，其中 360 個需要以選舉辦法產生，共有 707 個候選人。投票人數共有 53,248 人，總投票率為 73.8%。其中原居民的投票率為 72.9%，居民的投票率為 74.6%。

69 投票人數有 43,220 人，其中原居民的投票率為 66.9%，居民的投票率為 67.2%。

70 薛鳳旋、鄺智文：《新界鄉議局史 —— 由租借地到一國兩制》，頁 87-94。

71 P.H. Hase, "Cheung Shan Kwu Tsz, an Old Buddhist Nunnery in the New Territories, and its Place in Local Society," pp. 141-142.

思想下無得參與。昇平社另一收入來源是「收牛穀」，規定約中飼養牛隻的村民須上繳穀物五十斤，作為聘請巡丁的費用。每約派出二人為一組，公開投標。中標者扣除標價付予昇平社，餘額則由中標者均分。中標者擔當巡丁之責，防止牛隻破壞農田和防止盜取牛隻及農作物。假如出現以上情況，巡丁須負責賠償。[72]

《丁酉年打鼓嶺坪源天后寶誕特刊》中記錄了昇平社比較完整的歷史：[73]

> 「昇平社」於 1912 年購買區內物業並交由六位司理（包括：萬福廷先生、杜芹楊先生、陳國祥先生、羅警凡先生、鄧敬兆先生及李義華先生）打理，並於 1915 年重修坪源天后義祠以使其外貌和位置更為理想……「昇平社」的六位司理們於第二次世界大戰期間至戰後短時間內相繼離世，亦因此「昇平社」的理想不能再進一步實踐……

文中提及的六位司理，從姓氏可推敲來自哪個六約聯盟村落，分別是香園圍、老鼠嶺、坪洋、羅坊、凹下和李屋村。二次大戰以後，昇平社司理相繼身故，暫未有適合人士管理社中事務，導致業務

72 《北區文獻》，1982 年 8 月 5 日，打鼓嶺坪洋村陳友才先生訪問。

73 打鼓嶺慶祝平源天后寶誕演戲理事會：《打鼓嶺區慶祝丁酉年平源天后寶誕》，頁 50-53。

停頓。其後由萬利華協助管理，直到離世。打鼓嶺區村務工作轉交公所處理。直到近年，打鼓嶺鄉事委員會有感司理身故，昇平社不能有效運作，於是召集所有持分者開會，商討推選新司理事宜。2016 年重組昇平社，成立了「昇平社管理委員會」。[74]

## 四、打鼓嶺鄉事委員會

鄉事會是代表鄉村民眾的組織，協助處理鄉村內的大小事務。鄉事會會將民意轉達給政府；反之，政府有任何政策實施，鄉事會會作為村民與政府溝通的橋樑。[75] 1954 年 10 月，打鼓嶺終成一區，並自組打鼓嶺鄉事委員會。1956 年 5 月 2 日，其會所正式揭幕，初期設於坪輋天后廟。[76] 開幕當天，新界民政署署長彭德主持開幕暨職員就職禮，大埔理民府黎敦義監誓。[77] 後來，打鼓嶺鄉事委員會於昇平學校旁獲批地興建新會所。[78] 1968 年 12 月 16 日，打鼓嶺鄉事委員會會所啟用。[79]

時至今天，新界共有 651 條原居民村，各村由戶主選舉一或多位村代表，共 900 多人組成 27 個鄉事委員會。各區鄉事委員會由執行

---

74 打鼓嶺慶祝平源天后寶誕演戲理事會：《打鼓嶺區慶祝甲午年平源天后寶誕》，頁 21。

75 〈打鼓嶺鄉事會揭幕〉，《華僑日報》，1956 年 5 月 3 日。

76 1956 年 5 月 2 日，新界民政署署長彭德主持開幕暨職員就職禮，大埔理民府黎敦義監誓。

77 〈打鼓嶺鄉事委員會揭幕〉，《華僑日報》，1956 年 5 月 3 日。

78 〈打鼓嶺大好農田多廢棄〉，《華僑日報》，1968 年 12 月 17 日。

79 同上注。

委員會負責日常運作。執行委員會委員由各村代表和社會賢達互選，人數約 9 至 15 名。各鄉事委員會主席為區議會之當然議員，出任區議會之工作小組主席，協助推行社區建設工作，與政府經常保持密切聯繫。鄉事會負責聯絡各村，與政府及其他機構聯繫，轉達民意，同時會參與仲裁各村之間的糾紛。[80] 今打鼓嶺鄉事委員會共轄 20 條村。

**新界鄉事委員會**

| | |
|---|---|
| 大埔 | 大埔鄉事委員會 |
| | 西貢北約鄉事委員會 |
| 北區 | 粉嶺區鄉事委員會 |
| | 上水區鄉事委員會 |
| | 打鼓嶺區鄉事委員會 |
| | 沙頭角區鄉事委員會 |
| 元朗 | 厦村鄉鄉事委員會 |
| | 屏山鄉鄉事委員會 |
| | 十八鄉鄉事委員會 |
| | 八鄉鄉事委員會 |
| | 錦田鄉事委員會 |
| | 新田鄉鄉事委員會 |
| 屯門 | 屯門鄉事委員會 |
| 荃灣 | 荃灣鄉事委員會 |

80　蕭國健：《香港新界之歷史與文化》，頁 7。

（續上表）

| | |
|---|---|
| | 馬灣鄉事委員會 |
| 沙田 | 沙田鄉事委員會 |
| 西貢 | 西貢區鄉事委員會 |
| | 坑口鄉事委員會 |
| 離島 | 長洲鄉事委員會 |
| | 坪洲鄉事委員會 |
| | 東涌鄉事委員會 |
| | 大澳鄉事委員會 |
| | 梅窩鄉事委員會 |
| | 大嶼山南區鄉事委員會 |
| | 南丫島南段鄉事委員會 |
| | 南丫島北段鄉事委員會 |

2010 年，打鼓嶺鄉事委員會會址重修，特別在二樓大廳命名為「昇平廳」，從而帶出昇平社與打鼓嶺鄉事委員會之關係。

## 五、區議會

1979 年，港府正式設立北區理民府。北區行政區包括：上水、粉嶺、沙頭角及打鼓嶺四個分區，簡稱上粉沙打區，沿用戰後鄉事機構的管轄區域，東至大鵬灣白沙洲，南至九龍坑，西至落馬洲，北至深圳河與深圳市接壤。[81] 1981 年，港府發布《香港地方行政白皮

81 北區區議會摘要 http://www.districtcouncils.gov.hk/north/tc_chi/info/highlight_01.html。

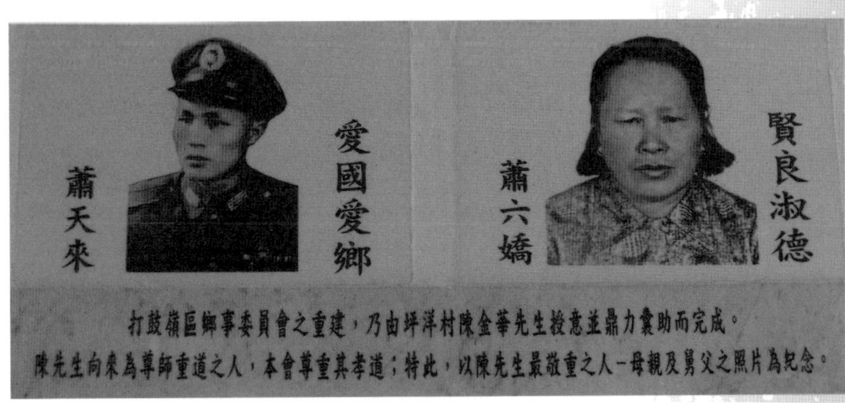


圖 5-4　據坪洋鄉紳陳金華分享，他一生最敬重是他的舅父蕭天來，所以當打鼓嶺鄉事委員會會址重修時，特意捐錢支持，並把其舅父和母親的瓷相擺放在大樓。

書》，將全港劃分為 18 區，並成立地區管理委員會。新界劃分為八個行政區，包括：離島、北區、沙田、西貢、大埔、荃灣、屯門及元朗。[82] 回歸以後，特別行政區政府沿用舊制，把全港分為 18 區，新界劃分九個行政區。據人口約 32 萬，今打鼓嶺仍隸屬北區。

82 1985 年，港府有見於荃灣區發展迅速，遂劃出將葵涌及青衣島，成立葵涌及青衣區，後改名為葵青區。

第　六　章

# 歷史建築與保育

## ■ 第一節 ■　打鼓嶺歷史建築概況

綜觀香港的文物建築保育發展，起步相當遲。早在 1882 年，英國已經有《古代遺蹟法令》（Ancient Monument Act），而港府至 1976 年才正式實施《古物及古蹟條例》，並於同年成立古物古蹟辦事處（以下「古蹟辦」）。根據《古物及古蹟條例》，古物事務監督與古物諮詢委員會商討，並經行政長官批准及刊登《憲報》後，可宣佈個別文物為法定古蹟，受法例保護。[1] 1980 年，古物古蹟辦事署為進一步完善文物保護政策，參考英國法令引進「三級制」並沿用至今。

截至 2023 年 10 月 20 日，共有 134 項獲宣佈為法定古蹟，打鼓

1　古物事務監督可阻止古蹟的任何改動，或酌情規定改動時必須遵守的條件，以便保護有關古蹟。初時文物建築只有簡單兩分法，具有 50 年以上的建築物，經古物古蹟辦事處評審，如評定為法定古蹟就則受法例保護予以保留。

嶺區只有長山古寺納入法定古蹟。

截至 2024 年 3 月 7 日為止，獲評級的歷史建築，包括：

（1）202 幢建築物獲評為一級歷史建築；

（2）409 幢建築物獲評為二級歷史建築；

（3）623 幢建築物獲評為三級歷史建築。

1982 至 1985 年，香港歷史博物館館長蒲國傑進行全港首次古蹟調查。1996 至 2000 年，古蹟辦進行全港古蹟調查，錄得 8,803 幢具歷史價值的建築物。當中 1,444 幢再進行深入研究，按其價值評級。2021 年初，新增 300 多幢古蹟名單。按古蹟辦調查，打鼓嶺區共有 20 項建築獲列入評級文物建築名單內。

**表 6.1　截止 2024 年 1 月打鼓嶺區獲評級的文物建築列表**[2]

| 名稱 | 年份 | 類型 | 確定評級 |
|---|---|---|---|
| 香園圍 1A、1、1B、2 及 3 號 | 1928 年 | 客家民居 | 一級 |
| 香園圍 4 及 5 號 | 1928 年 | 客家民居 | 一級 |
| 香園圍 4 號更樓 | 1928 年 | 更樓 | 一級 |
| 香園圍 76 至 78 號 | 1930 年代 | 客家民居 | 一級 |
| 瓦窰麥景陶碉堡（瓦窰） | 建於 1949 至 1953 年 | 碉堡 | 一級 |
| 坪洋 138 至 139 號 | 1913 年前建成 | 民居 | 二級 |

2　古物古蹟辦事處網頁 https://www.aab.gov.hk/tc/historic-buildings/search-for-information-on-individual-buildings/index.html。

（續上表）

| 名稱 | 年份 | 類型 | 確定評級 |
|---|---|---|---|
| 坪輋 72 號天后古廟 | 約建於 1756 年 | 廟宇 | 三級 |
| 鳳凰湖吳氏宗祠 | 1920 年代建成 | 祠堂 | 三級 |
| 鳳凰湖楊氏宗祠 | 相傳 1821 年後落成 | 祠堂 | 三級 |
| 鳳凰湖 24 號至 25 號村屋 | 相傳 1920 年代 | 民居 | 三級 |
| 鳳凰湖 35 號至 37 號村屋 | 1920 年代 | 民居 | 二級 |
| 打鼓嶺警署 | 1905 年 | 警署 | 三級 |
| 松園下 57、58 及 59 號 | 約 1930 年代 | 民居 | 三級 |
| 松園下橋芳家祠 | 約 1930 年代 | 祠堂 | 三級 |
| 木湖村天后廟 | 建於 1912 至 1913 年 | 廟宇 | 三級 |
| 木湖圍圍門 | 約 1819 年 | 圍門 | 三級 |
| 塘坊村 12 至 13 號永傑書室 | 建於 1889 年 | 書室 | 三級 |
| 坪洋陟乾祖祠 | 待考 | 祠堂 | 三級 |
| 坪洋陳氏宗祠（陟雲祖） | 1939 年重修 | 祠堂 | 三級 |
| 週田村 80 號 | 1920 年代 | 民居 | 沒有評級 |
| 塘坊 8 至 9 號福善第 | 1921 年 | 民居 | 沒有評級 |
| 松園下 61 至 62 號 | 1930 年代興建 | 民居 | 沒有評級 |
| 坪洋 98 號陳氏宗祠 | 待考 | 祠堂 | 沒有評級 |
| 木湖 19 號村屋 | 待考 | 民居 | 有待評級 |

圖 6-1　福善第位於塘坊村 8 至 9 號，建於 1921 年，並未獲任何歷史建築評級。

## ■ 第二節 ■ 圍門

### 一、圍之類型

本港之圍主要分成兩大類型，第一種是廣府圍，第二種是客家圍。廣府圍由排屋組成，多呈方形，四周有橫屋圍繞，門口內向，形成圍牆。圍牆裝有統口，外窄內闊，便於進攻。牆基約高二至三米，建築材料多是花崗岩，牆身則以青磚建成。圍內排屋整齊，正門建有門樓，直入盡頭為神廳，供奉圍內村民信奉之神靈。有的圍牆四角建有更樓，俗稱炮樓，供監察守護之用。部分圍外有護城河，以作防衛和防火之用。

客家圍又稱圍籠屋，間有稱「村」或「屋」。客家圍多呈方形，四周以橫屋排列成圍牆，分前、中、後三廳。左右為橫屋，廳與廳之間為天階，前廳多用以安放雜物；中廳為客廳，作議事廳用途；後廳為祖祠，用以安放靈位。前廳出口為全村之大門，各橫屋設有獨立門戶，內有小巷分隔，各小巷另有出口大門。圍屋前有廣場，俗稱禾坪，供曬穀或休憩之用；坪前有風水池，可作防火用。屋後多種竹林及梧桐，以防盜賊進入。

### 二、打鼓嶺區圍門

打鼓嶺區有圍門的村落分別是木湖村、週田村和新屋嶺。新屋嶺門樓上刻「新屋居」，建於丙申年（1956），由李子遊書。週田村圍門於 1947 年落成，門額刻有「杜氏週田村」，門聯為「週年下順風

調化生萬物 田野花明柳媚點綴三春」。圍門內供奉了護鄉土之神位，並懸掛了武魁牌匾。[3] 其旁有重修該門樓捐者芳名木牌。2020 年週田村圍門曾進行重修。

清初復界後，木湖村三姓聯合興建圍牆，以茲防衛。圍門前向西南，背枕屋頭嶺，為深圳河「水口」所在。此水口正是今日抽水站的地方。[4] 牆身以廣東青磚作材料，牆基用麻石砌。圍內民居排列整齊，井然有序，呈對稱縱軸架構。左右兩旁各有四排房屋。圍門門額為「鴻禧」，門聯為「木呈新貌 湖秀春色」。上方有兩個圓形孔洞，不但具有風水的考量，且利於監視外邊情況。從前村民供奉圍門公，更在圍門舉行婚禮和點燈等祭祀活動。今木湖村圍門獲列為第三級歷史建築。

## ■ 第三節 ■ 廟宇

廟宇是供奉神靈的地方，通常是以主神的名稱或封號命名。按香港傳統廟宇佈局形制，較具規模者，廟前奉有一對石獅，廟門繪有

---

3 武魁牌匾上書「主試：太子少保、頭品頂戴、兵部尚書、兼都察院右都御史、總督兩廣地方、兼理糧餉、李翰章，頭品頂戴、兵部侍郎、兼都察院右副都御史、巡撫廣東地方軍務、兼理糧餉、剛毅，為武魁，光緒十九年癸巳恩科鄉試、中式第五十八名舉人杜桂芳立」。

4 東江水經由木湖抽水站的濾水廠，輸送往新界各區。抽水站建築費 9,600 萬元。東江水位於東莞境內，通過三公里的新開河和 16 公里長的人工渠道，再經橋頭、司馬、馬灘、塘頭廈、竹塘、沙嶺、上埔、雁田八個梯級、八座電力提水站流入水庫，再跨過分水嶺，流經深圳沙灣河，再注入深圳水庫後才輸入香港，全程 83 公里。

圖 6-2　二次大戰前，打鼓嶺位處邊界位置，常有盜賊出沒，為此民間自資建炮樓，比較矚目要算是香園圍碉樓，現已被古蹟辦評為一級歷史建築。

圖 6-3　前任廟祝強姐的名字頗有男子氣概，她的名字本來沒有強字，這是養母改的，寄望她像男人一樣堅強。強姐出世不久，父母便遺棄了她，送到坪源天后廟。時任廟祝法靈收養了強姐，平日強姐稱呼法靈為阿伯，稱其助手梁妙齊為阿叔。法靈圓寂後，梁妙齊繼任廟祝。強姐在昇平學校讀書，長大後便出外工作，原本無意返天后廟幫手。直到梁妙齊過世，強姐擔心廟宇無人打理，毅然承任廟祝。不經不覺，強姐已做了廿多年廟祝，早幾年她因病去世，她的牌位供奉於廟內，伴着她的阿伯。

一對門神。廟宇的中央位置供奉了廟的主神，主神兩旁有侍神拱衛，左右兩側則配祀其他神靈。傳統以來，廟宇與祠堂一樣具有重要的社會功能，廟宇的空間可以用作學校，教育莘莘學子。有的廟宇也可成為村落的公所，商討鄉事，具有排難解紛的功能。

## 一、坪源天后廟

坪源天后廟約建於雍正五年（1727）以前。[5] 原建於坪輋以南的水流坑，當地居民見坪輋「山林茂盛，草木扶疏，加以清溪流暢，泉水成圍」，[6] 是理想的建廟地方。坪源天后廟估計在乾隆廿一年（1756）遷廟至今之五洲路。以下是廟內一口鐫有雍正五年的磬上的銘文：[7]

> 日月，天后宮□□□□□奉酬，沐恩萬門黃氏，信痒君球、伯男君龍、君瑞、孫晚善、北龍、屏吉、升吉、天歸、契男天保。雍正五年丁未歲季春吉日大敬。萬名老爐造。

萬氏是在新界打鼓嶺和深圳一帶聚居的強大宗族之一。以打鼓嶺區為例，萬氏散居於香園圍、坪輋和塘坊。

---

5　科大衛、陸鴻基、吳倫霓霞合編：《香港碑銘匯編》（香港：香港市政局，1986），頁661。

6　打鼓嶺慶祝平源天后寶誕演戲理事會：《打鼓嶺區慶祝甲午年平源天后寶誕》，頁4。

7　科大衛、陸鴻基、吳倫霓霞合編：《香港碑銘彙編》，頁661。

另廟內有一口乾隆廿一年的古鐘的銘文：[8]

風調雨順。沐恩坪源合鄉眾信弟子，虔鑄鳴鐘一口，敬酬天后娘娘案前，永遠供奉、福有攸歸。時乾隆二十一年歲次丙子季春吉旦立。萬聲爐造。國泰民安。

該廟屬三座一體之建築：中間是天后古廟；左邊是公所；右邊是義祠。天后古廟供奉的主神為天后，侍神順風耳、千里眼拱衛左右。廟內亦供奉觀音大士和福德老爺。

廟內藏有 1976 年《重修坪源天后古廟碑記》：[9]

本廟建於清乾隆二十一年，迄今垂二百餘載矣。神威顯赫，遐邇沾德，救困扶危，閭閻蒙庥。第以年湮代遠，雖經屢修，然亦難禦風雨之侵蝕。近且棟樑剝落，磚瓦綻缺，已有礙於觀瞻，抑難保於安全。同人等有見及此，乃組會籌款重修，蒙大埔理民府轉請本港廟宇委員會撥款襄助，並獲地方人士慷慨解囊，使重修工作得以竣事。今者，廟宇巍峨，已美輪而美奐。馨香俎豆，得奉祀而永垂。行見　天后神靈，恩被四境，福蔭

8 同上注。

9 同上注，頁 792。

人間。茲為崇德報功，凡捐二百元以上者，均泐以真珉，藉資留念，以誌不忘。是為記。

打鼓嶺區重修坪源天后古廟籌備委員會
會長：陳友才
副會長：梁湛
主席：陳仕發、黃才發、陳廣才、歐連安
一九七六年歲次丙辰暮春
陳友才撰

天后宮左方門前上刻「公所」二字。該處原是坪源鄉公所，即打鼓嶺鄉事委員會的前身。公所是一所多用途室，設置桌椅用具，村民可以在公所開會議事。後來，打鼓嶺鄉事委員會獲批地遷至昇平學校旁，興建新會所。1968 年，打鼓嶺鄉事委員會會所啟用。[10] 為了方便善信前往天后廟進香，駐守邊區的警員利用休假時間，修建一條 500 呎可行車輛的道路，建築材料則由大埔理民府撥款。新道路由天后廟廣場為起點，銜接坪輋公路，全長 500 呎，1976 年竣工，並命名為坪輋天后道。[11]

2005 年，村民自資捐款重修坪源天后古廟。2015 年，古廟部分

10 〈打鼓嶺大好農田多廢棄〉，《華僑日報》，1968 年 12 月 17 日。

11 〈打鼓嶺坪輋築成車路 鄉民獲便利〉，《華僑日報》，1976 年 3 月 21 日。

地方需要維修，坪源潮僑天后寶誕會亦捐錢二千元。2016 年 4 月 29 日，打鼓嶺坪源天后理事會及眾善信贊助善款，捐助大寶爐和大香爐給天后廟。[12]

2005 年重修碑記如下：[13]

本廟自於一九七六年重建後，至今垂三十載廟宇經過日月洗禮，風雨之侵蝕牆身裂漸現，眾石像仔破爛及脱色電力裝置也不符合現今安全標準礙於觀瞻及安全考慮，眾契仔及善長決集資出錢出力為廟宇維修回復舊貌。

二零零五年　歲資乙酉暮春

**表 6.2　坪源天后廟年度活動紀錄**[14]

| 時間 | 活動 |
|---|---|
| 正月十五日 | 起經：誦經 |
| 春分 | 祭英雄 |
| 三月廿二至廿三日 | 天后誕 |
| 秋分 | 祭英雄 |
| 十二月十五日 | 完經：誦經 |

12　2016 年酬造大寶爐和大香爐碑。

13　2005 年維修平源天后古廟碑記。

14　坪源天后廟廟祝陳慧強訪問。

義祠供奉着「護國總鎮諱眾友例授英雄履考之神位」。祭壇的旁邊還有一個銅扇，上面刻有「天后宮」，製於光緒十九年（1893）。祠內的兩側牆壁上懸掛着兩副對聯：其中一對寫着「四境歡騰，恩施徧及」；另一對寫着「萬民慶祝，德配無疆」。這兩副對聯均由孔嶺河霸村贈送。此外，左側牆壁上還有一匾額為「衛約英豪」，是 1976 年進行廟宇重修時由打鼓嶺蔬菜合作社送贈。[15]

## ■ 第四節 ■ 碉樓

開平碉樓列為世界文化遺產，這類中式防禦建築在香港並不罕見，只是隱沒在新界村落之間。碉樓又稱炮樓。此類建築通常是單幢，高二至四層，多為方形，窗口細小，配有鐵枝窗框。牆上附有燕子窩，並設有射擊孔。孔口外窄內闊，方便射擊。部分炮樓與居所連在一起，稱為拖樓。有的炮樓置於交通要道，由數村集資興建，起聯防作用；有的炮樓用作個人居所，以求炫耀財力。如發現賊人踪影，屋主可攜帶貴重財物，躲進炮樓避難，等待救兵來援。

新界租借以後，打鼓嶺區地處邊境地帶，警力不足，常有盜賊出沒。

15 打鼓嶺慶祝平源天后寶誕演戲理事會：《打鼓嶺區慶祝甲午年平源天后寶誕》，頁 32。

……上水打鼓嶺地方，有村名簡頭圍，其中一鄉民住戶，忽被三賊械劫，各持手槍一枝，蜂擁而入，強迫搜劫該住戶，事主與之抵抗，賊乃放槍示威，卒將事主轟至重傷，賊等飽掠遠颺……[16]

村落為求自保，只能興建炮樓。打鼓嶺區有兩座炮樓，分別位於香園圍和木湖瓦窰。前者建於 1928 年，由萬桂芳建造，現評為一級歷史建築。此炮樓屬建築群，前面大宅，後面是炮樓。炮樓樓高四層，門裝上鐵趟籠，細窗外加鐵枝，設有槍孔，外窄內闊，利於防守。炮樓右側角置有燕子窩，頂樓存有大量石塊，隨時作出反擊。後者位於打鼓嶺木湖村之北，屬於拖樓式炮樓，約建於二十世紀初，由「江同盛堂」所擁有。木湖瓦窰炮樓高三層，青磚疊砌，各層以木板相隔，地下一層有葫蘆形槍孔，四面外牆亦有槍孔，用以防禦敵人入侵。炮樓未獲任何歷史評級，其旁附屬房舍亦已圮廢。[17]

16 〈上水打鼓嶺昨晚發生劫殺案　三賊持械行劫轟斃一人〉，《工商日報》，1935 年 5 月 29 日。

17 蕭國健：《香港新界北部鄉村之歷史與風貌》，頁 96。

圖 6-4 深圳蓮塘也有一座炮樓，隱沒於樓宇之中，形制與香園圍炮樓相似，由萬氏另一遠房親戚所興建。據説這兩座炮樓均出自嚤囉樓建築商。年紀逾 90 多歲的萬官生憶述，他的父母也有份興建這座炮樓。

└ 圖 6-5　2017 年適逢何氏宗祠進火之喜，松園下村大排宴席，更邀請歌星演唱時代曲。

# ■ 第五節 ■ 祠堂

## 一、祠堂與宗族

祠堂是宗族的核心象徵之一。每當宗族發展至一定程度，大多集資籌建祠堂，安放祖先牌位，並以族中重要人物名稱來命名。祠堂亦是族人議事仲裁、節慶嫁娶和日常聯誼的場所，是宗族生活的重要文化空間。從祠堂的大小可反映宗族的興盛程度。如未能建祠的宗族有的會選擇在書室供奉祖先牌位，或只在祖墓進行祭禮。打鼓嶺有不少宗族都建有宗祠，惟礙於經濟能力，大多只是單間式建築。

## 二、打鼓嶺區祠堂

### 1. 坪洋村陳氏宗祠及陟雲祖祠

陳氏宗祠於 1928 年重修，正門對聯為「胡公世澤　穎水家聲」，內供奉陳氏堂上始高曾祖考妣神位，神龕旁供奉觀音大士。另有一祠堂名為陟雲祖祠屬於兩進三間式中式建築，內供奉陳氏歷代祖先神主，左旁為觀音大士像。該祠曾於 2001 年重修。陟乾祖祠毗鄰陟雲祖祠，1939 年重修，門額和門框均以花崗石砌成，供奉陳氏歷代祖先。現陟雲祖祠和陟乾祖祠均評為三級歷史建築，陳氏宗祠則不予評級。

**表 6.3　打鼓嶺區宗族祠堂**

| 村落 | 姓氏 | 祠堂 |
|---|---|---|
| 坪洋 | 陳氏 | 陳氏宗祠 |
| | | 陟乾祖祠 |
| | | 陟雲祖祠 |
| 松園下 | 何氏 | 橋芳家祠 |
| | | 何氏宗祠 |
| 香園圍 | 萬氏 | 萬氏宗祠 |
| | | 朝巽萬公祠 |
| | | 廷業萬公祠 |
| 鳳凰湖村 | 吳氏 | 吳氏宗祠 |
| | 楊氏 | 楊氏宗祠 |
| 李氏宗祠 | 李氏 | 李氏宗祠 |
| 禾徑山 | 傅氏 | 傅氏宗祠 |
| 週田村 | 蕭氏 | 蕭氏宗祠 |
| 竹園 | 邱氏 | 邱氏宗祠 |
| 木湖 | 杜氏、黃氏、任氏 | 三和堂 |
| 新屋嶺 | 張氏 | 張氏家祠 |

### 2. 松園下何氏宗祠及橋芳家祠

何氏宗祠屬大太公南溪祖，亦用作村公所，為兩進三間式建築。門聯刻有「盧山還拱位，江水遠朝宗」，祠前有矮牆環繞。據說附近白虎山煞氣大，風水不佳，故祠堂入口須經側門，用以避煞。何

└ 圖 6-6　坪洋村共有三間祠堂，其中陳氏宗祠最具規模，建築年份則無文物可考。

氏宗祠前有一小屋，上裝有火炮一支，村後有風水林。矮牆外嵌有1972 年的碑記。近年何氏宗祠剛完成重修工程。

橋芳家祠供奉盧江堂上何氏歷代祖先神位，屬於分支的祠堂。橋芳家祠位於松園下村，屬兩進單間式建築，建於民國二十二年（1933）。門聯刻有「橋松倚日，芳樹臨風」。祠內牆上懸掛一塊 2008 年橋芳祖捐款名冊和芳祖添香名列碑記。

### 3. 香園圍朝巽萬公祠及廷業萬公祠

香園村又稱香椽圍，位於打鼓嶺東部，分上香園與下香園，為萬氏所創建。萬氏宗祠位於上香園村，原已圮廢，近年已重修，門額為「萬氏宗祠」，門聯為「順行賜福 和盛萬年」。村內另有朝巽萬公祠，建於十九世紀末，1934 年重修，屬單間式建築，祠內供奉「萬氏堂上始高曾祖考妣神位」。下香園村有廷業萬公祠，屬單間式建築。

### 4. 鳳凰湖村吳氏宗祠及楊氏宗祠

吳氏宗祠為兩進單間式建築。正廳內龕供奉吳氏歷代祖先神位。1994 年，神龕曾遭洪水破壞，翌年修復。數年前，祠堂飽受白蟻危害，復遭豪雨侵襲，橫樑倒塌，近年復修完成。

楊氏宗祠約建於二十世紀初，為兩進單間式建築，牆壁為青磚以丁順式排疊而成。宗祠正廳神龕供奉楊氏歷代祖先神位，神主左旁安奉觀音像。神主背後有一大「福」字木牌。該祠曾先後於 1950 年及 1970 年進行重修。兩座祠堂均獲列為三級歷史建築。

圖 6-7　禁區開放前，鳳凰湖吳氏宗祠因一場豪雨導致主樑塌下，後申請政府撥款重修。圖中為祠堂重修動工拜神儀式。

圖 6-8　木湖村三和堂供奉三姓神位，因日久失修，重修前拍攝祠堂的建構十之八九不存在，剩下最矚目是神案建構。

∟ 圖 6-9 三和堂開光

## 5. 木湖村三和堂

木湖村建有一座祠堂，名為三和堂，同祭祀三姓祖先。據村民相告，三和堂早於數十年前因日久失修，整座建築物倒塌，建材幾無倖存。2014 年，木湖村集資重修，並成立木湖村三和堂重建工程籌備委員會，[18] 村民踴躍捐款，如杜東琳祖堂捐出二十五萬元作籌建神廳費用。[19] 2015 年 10 月 15 日，重建工程正式動工，[20] 2017 年 1 月初落成。今木湖村祠堂名為三和堂，門前有一對聯：「南陽世澤、木湖家聲」，內供奉杜氏、任氏和黃氏的歷代祖先神位。

18 甲午年六月廿四日，木湖村三和堂（神廳）重建工程籌備委員會通告。

19 杜東琳祖堂會議紀錄，2015 年 10 月 25 日。

20 木湖村通告，2015 年 10 月 16 日。

第　七　章

# 傳承與創新——非遺視角下之打鼓嶺區民俗活動

「非遺」是近年耳熟能詳的保育潮語，其全名為「非物質文化遺產」。特區政府配合非遺概念的傳入，陸續投放資源，保育相關的項目，使在非遺框架下的傳統風俗得以「重生」，轉化為具本土特色和歷史內涵的文化遺產。其價值足以令相關群體產生認同感，是社區凝聚力的催化劑。本篇章以打鼓嶺區天后誕、盂蘭勝會和舞火龍為研究對象，探索其文化內涵和傳承狀況。

## ■ 第一節 ■　非遺與民俗活動

### 一、類型與定義

非遺所指的是舊傳統，其與文物建築不同，屬於無形的文化遺產。撥開其重重學術迷霧後，非遺不過是前人經過日常生活的實踐，累積得來的經驗和智慧。它們是存活在人類腦海裏的知識，具有看不

└ 圖 7-1　2016 年正誕當天大會請出天后行宮移駕戲棚外的小神棚。

到、摸不到的特性。這些知識和經驗活用於日常生活之中並非一成不變，而是不斷地再創造。尤有進者，為了回應時代的轉移，表現內容、形式不時與周圍環境、自然和歷史產生互動。此外，非遺帶來所屬社區和群體的認同感和持續感，增強對文化多元和人類創造力的尊重。每個國家的非物質文化遺產的內涵均有差異，各國視乎本土情況，自行制定分類項目，以方便推行保育工作。

至於香港的非遺按照聯合國教科文組的分類，涵蓋五方面的項目：

（1）口頭傳說和表現形式；

（2）表演藝術；

（3）社會風俗、禮儀、節慶活動；

（4）有關自然界和宇宙的知識和實踐；

（5）傳統手工藝。[1]

## 二、非遺與打鼓嶺民俗活動

按《保護非物質文化遺產公約》的分類，民俗活動屬於第三類文化表現形式，即社會實踐、儀式、節慶活動。社會實踐是構建社群、團結個體的文化活動。其重要性在於不同人士可透過參與該項儀式或習俗，以確認個人成長，及追求身份認同。香港各個社區皆舉行

---

1 香港文化博物館 / 非物質文化遺產 / 引言 http://www.heritagemuseum.gov.hk/chi/cultural/cultural.aspx。

傳統風俗和節慶神誕，透過參與這些儀式和活動，居民成為社區的一份子，藉以建立社區網絡，融入社區。2014 年，特區政府公佈香港首份非物質文化遺產清單（以下簡稱《非遺清單》），涵蓋 480 項目，社會實踐、儀式、節慶活動佔有 292 項。打鼓嶺坪源天后誕列為非遺清單之一，2021 年香港天后誕更成為第五批國家級非物質文化遺產。

## ■ 第二節 ■ 神誕與盂蘭

### 一、神誕

「神誕」是慶祝神明的日子，誕期通常選在神明的生日。香港常見慶祝神誕的形式，包括瑞獸助慶、繞景巡遊、花炮賀誕；有經濟能力者則搭建戲棚，演出神功戲。若說香港神誕，當然不能不提「天后誕」。香港的天后信眾是跨地域和族群的，無論是廣府、客家、福佬和水上人，都盛行拜祭天后。農曆三月廿三日是天后誕正誕，各區天后廟都會舉行慶祝活動。

### 二、坪源天后誕

#### 1. 香港天后信仰

天后原名林默娘，又稱媽祖，是中國著名的海神之一。相傳林默娘是宋初福建莆田湄洲嶼螺鄉都巡檢林愿（或叫林惟慤）的第六女，具神通能治頑疾、通曉天文，常救人於危難中。年二十八即登仙

└ 圖 7-2　每年坪源天后誕，大會禮聘尼姑祭祀義民，誦經超渡孤魂野鬼。

籍，其後數顯神蹟，拯救遇溺者。林默娘在宋代歷任皇帝加封下，先後得到「夫人」及「妃」的封號。元惠宗（元順帝）至正十四年（1354）封「輔國護聖庇民廣濟福惠明著天妃」。康熙二十二年（1683），靖海將軍施琅率水師伐台灣，戰勝後上奏康熙：「澎湖之役，天妃效靈，及入鹿耳門，復見神兵導引，海潮驟漲，遂得傾島投誠，其應如響。」康熙封天后為天后元君，下旨全國祭祀。

有學者認為，香港地區首座天后廟位於北佛堂門。1588 年編集成的《廣東通志》更有記載：「官富巡檢司東有島，上有天妃廟，為南北二門，凡湖自東南大洋西流，經官富止，而入急水門，番帕至北，無漂泊之慮，故稱『佛門』。」[2] 一般人士認為，這座廟宇是在咸淳二年（1266）由林氏後裔所建。

天后誕正誕當日，各區天后廟都會舉行慶祝活動，然而亦有不少地區的天后誕會提早或延期舉行。最重要的原因是賀誕活動通常有神功戲上演，但戲班的數量有限，為了遷就戲班的檔期，信眾或會調動慶祝時間。如石澳天后宮正誕時只會進行簡單的祭祀儀式，神功戲則會延至農曆十月初才演出賀誕。據村民相告，神功戲場地多在石澳泳灘停車場舉行，天后誕正日正是游泳的旺季，故神功戲延期至冬季舉行。

打鼓嶺區天后信仰非常興盛，差不多每一村均有供奉天后的神

---

2　施志明：〈神仙也升「呢」：從關帝、天后信仰看神仙升遷〉，載黃競聰編：《風俗演義》（香港：長春社文化古蹟資源中心，2012），頁 36-40。

圖 7-3　部分香港神誕邀請戲班，在正誕當天在神靈面前演出例戲。圖中 2016 年粵劇演員正演出天姬送子。

位。惟限於經濟能力，較少具規模的廟宇建築，天后神像和花炮的鏡架多放置在臨時鐵皮屋。稍具規模的無疑是坪源天后廟，善信不但會拜神賀誕，更有上契和安名的信俗活動。

> 向天后求簽很靈，有些村民會在天后前求「安名」(小孩出生後的名字)，用擲杯形式，亦有契媽娘的，天后靈驗，村民還神時多會劏豬。[3]

其次是木湖村天后廟，屬於兩進三間式的青磚中式建築，建於十九世紀。正殿供奉天后及觀音等神像。因日久失修，外牆已見剝落。正牆上懸掛民國七年（1918）「神恩庇祐」及「妙手回春」兩幅賀匾，左右偏殿無神像供奉，廟內無其他文物。天后廟正面磚牆為德樞祖所捐助。

### 2. 賀誕儀式

每年農曆三月廿三日天后誕正誕日，打鼓嶺坪源演戲值理會負責籌辦天后誕活動，禮聘尼姑開壇誦經，並聘請戲班上演折子戲和歌星表演。正誕前一天晚上，善信陸續前往天后廟上香；有的花炮會提早歸還花炮，其成員自備香燭元寶、供品、茶酒等。該晚值理會成員在廟內中門前擺置福物，如金器、玉器、名牌手袋、長紅寫等，福物

3 《北區文獻》，1982 年 8 月 5 日，打鼓嶺坪洋村陳友才先生訪問。

└ 圖 7-4　由於搶花炮容易觸發肢體衝突，香港各區神誕改為抽花炮。坪源天后誕當天，主辦單位會在戲棚上舉行抽花炮儀式。

旁有一隻乳豬及一套天后衣。當屆值理會主席會向天后娘娘上香，然後一眾值理會成員輪流上香，廟祝在旁誦經。一位尼姑以碌柚葉水替福物灑淨，並由值理會成員上香。緊接醒獅隊響起鑼鼓，兩隻醒獅在天后宮前停下，由值理會成員以碌柚葉水灑淨，再以硃砂筆為其開光。隨後醒獅入廟向天后、觀音及義祠參拜，再到廟前採青。

**表 7.1 癸巳年三月廿三日工作人員秩序表**

| 工作 | 負責人 |
|---|---|
| 抬媽娘 | 林金貴、李怡妹、黃偉炎、陳仕明 |
| 擔籮傘 | 陳華富、戴國良 |
| 打鑼 | 黃賢、傅琛 |
| 收炮金 | 杜樹海、胡衍藩 |
| 點炮 | 林勝發、林柱強、張漢松 |
| 交通 | 陳昆平、林英傑、袁嘉雯、歐富龍、杜石、陳偉清 |

正誕當天，醒獅在廟內向神祇參拜，並在廟外進行採青。完成表演後，尼姑在廟外牆張貼的花炮會名單前誦經，並以碌柚葉水及火筆為名單開光。同時，戲棚內正上演折子戲及有歌星表演，部分善信在廟旁的齋棚享用齋菜。

與此同時，參與賀誕的花炮會浩浩蕩蕩出發前往「還炮」。各花炮大都會乘坐貨車直接到達天后廟，沿途鑼鼓喧天，很有鄉間節日氣氛。所謂花炮原是指由爆竹造成，燃點後可發射升空，成功爭奪者可換取所代表的炮山。後來，因搶炮期間易觸發肢體衝突，政府雷厲風行取締，遂改為抽籤形式進行。花炮的名稱改指為掛滿喻意吉祥「聖物」的炮山。一般花炮由炮頂、炮身和炮躉組成。[4] 第一部分是炮頂，通常寫上花炮會的名稱和炮號；第二部分是炮身，內置空位供奉神明的鏡架，稱之為炮膽；[5] 第三部分是炮躉，主要承托炮身，並在當眼處寫有紥作店的寶號。

打鼓嶺天后誕最初也是採用搶炮形式，後來搶炮期間屢出現打鬥事件。自上世紀七十年代便改為抽炮形式進行，由打鼓嶺坪源演戲值理會負責。[6] 以 2013 年為例，有 16 個花炮會須各繳付炮金 1,000 元予主辦單位，作為營運抽花炮活動的經費。主辦單位共有 18 個花炮，各冠以不同的吉祥名稱，以供參與的花炮會抽籤。每個花炮會在還炮以後，紛紛在廟前獻技助慶。禤港比麟堂花炮會更搭建站樁，舞獅表現高難度動作。下午二時，抽花炮活動正式開始，各花炮會云集戲棚，由主禮嘉賓致詞，然後由去年抽到第一炮的賀誕組織派代表順序上台。大會採用攪珠形式抽籤，完成後各花炮會領炮回去。抽花炮後，有的村落會直接把花炮存放在所屬炮會會址，直到翌年還炮才重新製作一個新的花炮。

---

4　紥作師傅師承不同，對花炮的結構稱呼略有出入。

5　炮膽繪以所崇拜神明的神像和炮號，代表神明的分身，一般會於花炮會供奉。

6　打鼓嶺慶祝平源天后寶誕演戲理事會：《打鼓嶺區慶祝甲午年平源天后寶誕》，頁 68。

表 7.2　癸巳年三月廿三日坪源天后寶誕抽炮結果

| 長壽炮 | 水流坑長勝堂 |
|---|---|
| 並茂炮 | 東勝堂 |
| 三多炮 | 禪港比麟堂花炮會 |
| 四喜炮 | 山雞乙義興堂 |
| 五福炮 | 坪洋三鄉麒麟堂 |
| 六合炮 | 萊洞同仁堂 |
| 七喜炮 | 萬邊屋花炮會 |
| 八寶炮 | 竹園富興堂 |
| 九如炮 | 坪洋三鄉花炮會 |
| 拾美炮 | 坪源天后廟理事會 |
| 壽考炮 | — |
| 榮華炮 | 坪輋順意堂 |
| 富貴炮 | 軍地鎮威堂 |
| 添丁炮 | — |
| 發財炮 | 小坑武功堂 |
| 福祿炮 | 馬尾吓聯合堂 |
| 興隆炮 | 聯慶堂 |
| 昌盛炮 | 軍地高埔北村聯勝堂 |

花炮會屬於周期性賀誕組織，由志同道合的信眾組成，通常只會慶祝單一神誕的活動，大部分只會在誕期前後運作。花炮會的名字很多元化，常見者多以「堂」為名，並配以寓意吉祥和良好祝願的名字，亦有以自己居住的村落、家鄉的名字而命名。比如坪洋三鄉花炮

└ 圖 7-5　2013 年坪源天后誕，舞獅跳樁表演助慶，吸引大量信眾街坊注目。

會是由坪洋、坪輋和禾徑山三村組成；又如富興堂取其富貴、興旺之意，屬竹園村村民創辦，故取名竹園富興堂。花炮會的成員主要由善信、支持者和技藝表演者組成。他們的身份界線模糊，可以兼具多重身份，三者在花炮會中擔演不可或缺的角色，不過多屬義務性質，沒有收取薪金。[7] 所謂「各處鄉村各處例」，每個神誕對炮數偏好都不盡相同。以坪源天后誕為例，1984 年第一炮（頭炮）和第 35 炮（尾炮）的炮金比其他炮價格高，因為當時此兩炮被視為「福炮」。據田仲一成記錄，1980 年頭、尾炮的炮金各 800 元，其餘各炮炮金為 400 元，價格相距近一倍。[8]

每一個花炮會競投活動，競爭最激烈的福品各有不同，部分福品是來自花炮的裝飾品，也有家庭用品以至金器手飾。普遍來說，長紅通常叫價最高 [9]，而且去年投得福品順景者會繼續競投同類福品。時至今天，善信對競投福品的喜好亦與社會發展有密切關係。據老一輩的花炮會負責人分析，舊時福祿壽神像和一帆風順等裝飾品很受歡迎，但今時今日善信的居住地方有限，根本不夠空間收藏這些裝飾品，他們傾向競投一些科技產品（數碼相機、智能手機）和金器手飾。花炮會會把炮膽供奉於村中的神壇。從實地考察可見，瓦窰村建有一鐵皮搭建的小廟，廟名為天后聖母，左聯為「英風遠屆江天

7　古洞義和堂花炮會會員手冊。

8　早在 1981 年，頭、尾炮的炮金已達 1,000 元。到了 1983 年，普通炮的炮金各 1,000 元。詳見田仲一成：《中國宗族與戲劇》，頁 127。

9　長紅即掛在花炮頂部的紅布。

外」，右聯為「坤德長垂澤國中」。推斷此小廟是專以供奉坪源天后誕炮膽。[10]

### 3. 神功戲

農曆三月廿三日是天后誕正誕，各區天后廟都會舉行慶祝活動，其中不乏神功戲的表演活動。「神功」即為神做功德的意思。地方群體在籌辦神誕時，會聘請戲班，在臨時蓋搭的戲棚內演出神功戲，酬謝神明庇佑。神功戲表演帶有地域色彩，按着主辦單位和善信的族群，選取所屬的方言戲曲娛樂街坊，達至人神共樂。本港傳統神功戲分為粵劇、白字戲和潮州戲，其中以粵劇神功戲最為常見。粵劇又稱「廣東大戲」，是廣東省最流行戲曲劇種之一，揉合唱做念打、樂師配樂、戲臺服飾、抽象形體等的表演藝術。神功戲既是娛神為主，一般情況下戲棚入口會對着廟宇的正門，讓廟內的神靈能視線無阻觀賞神功戲。然而，香港很多廟宇門前都不適合搭建戲棚，只好退而求其次在神誕當天請出行身供奉於戲棚內。

每天正本戲演出前，戲班還會演出儀式劇目，行內稱為例戲。例戲共有六種，分別是《破台》、《賀壽》、《封相》、《加官》、《送子》和《封台》。若戲班在首次選址的戲臺上表演，需要演出《祭白虎》的破台戲，以祈求演出順利。一般神功戲演出《跳加官》和《封台》是獨有的例戲劇目，而《八仙賀壽》和《六國大封相》間或在戲院開

10 從 2015 年考察所得，廟內放置第八炮炮膽「天后元君」鏡架一副。

台首晚演出。坪源天后誕的戲棚是設於廟的右方，正誕當天早上，戲班在廟內演出例戲《八仙賀壽》。值理會成員在醒獅參拜後抬出天后行身並將其安放於廟外的神轎上，然後在鑼鼓聲的帶領下走到面向戲棚的小神棚。至於例戲方面，以 2013 年坪源天后誕為例，農曆三月廿一日第一天戲班演出《八仙賀壽》;正誕當天則演出《賀壽》、《加官》和《送子》。

時至今日，很多民間信仰活動迎來不少的挑戰。賀誕組織面對籌募經費的困難，眼見開源並不容易，只好節省支出，首當其衝便是神功戲了。據陳守仁調查所得，1985 年全港天后誕粵劇神功戲共有 21 台，表演日數 99 天；[11] 到了 2017 年，天后粵劇神功戲共有 17 台，表演日數 81 天。[12] 天后粵劇神功戲演出在 30 年間，少了接近兩成，情況令人憂慮，很多賀誕組織並非一刀切取消神功戲，而是退而求其次聘用三、四線的戲班，從而降低成本。二次大戰前，每逢坪源天后誕，便禮聘戲班演出「木頭戲」，戰後才開始做「人戲」。[13] 全盛時期，打鼓嶺慶祝坪源天后寶誕演戲理事會聘請戲班上演為期四日五夜的神

11 陳守仁：《神功戲在香港：粵劇、潮劇及福佬劇》（香港：香港中文大學音樂系粵劇研究計劃，2008 第二版），頁 13-16。

12 陳守仁、湛黎淑貞：《香港神功戲粵劇的浮沉》（香港：中華書局，2018），頁 10-13。

13 《北區文獻》，1982 年 8 月 5 日，打鼓嶺坪洋村陳友才先生訪問。

功戲，連搭建戲棚的支出，用現時物價來說起碼要過百萬元。[14] 2002 年，大會節省支出，改為折子戲及歌唱；直到 2009 年，恢復三日四夜七本戲。[15] 近年，主辦單位眼見籌集經費困難，分別聘請時藝娛樂製作公司和烽藝粵劇團，改為歌星演唱流行曲，以及粵劇折子戲表演。

**表 7.3　癸巳年坪輋天后誕粵劇演出劇目** [16]

| 日期 | 日場 | 夜場 |
|---|---|---|
| 農曆三月廿一日 | | 1. 八仙賀壽<br>2. 潞安州<br>3. 帝女花之庵遇相認<br>4. 紅歌星演唱 |
| 農曆三月廿二日 | | 1. 鐵馬銀婚<br>2. 梁祝十八相送<br>3. 紅歌星演唱 |
| 農曆三月廿三日 | 1. 賀壽加官送子<br>2. 再世紅梅記之拆梅巧遇<br>3. 牡丹亭驚夢之遊園驚夢<br>4. 葉振棠演唱 | 1. 白龍關<br>2. 牡丹亭驚夢之幽媾<br>3. 紅歌星演唱 |
| 農曆三月廿四日 | 1. 紅歌星演唱 | |

14　1976 年，適逢打鼓嶺天后廟重修落成開光，主辦單位禮聘「金寶石劇團」演出四日五夜助慶。正誕當日晚上九時，大會頒贈紅伶錦旗儀式，由打鼓嶺警署署長廖孟標主持，並由打鼓嶺鄉事委員會主席陳友才致送紀念品，表達對戲班的尊重。詳見〈坪輋天后誕〉，《華僑日報》，1976 年 4 月 24 日。

15　打鼓嶺慶祝平源天后寶誕演戲理事會：《打鼓嶺區慶祝乙未年平源天后寶誕》（香港：打鼓嶺區坪源天后廟理事會，2014），頁 4。

16　打鼓嶺慶祝平源天后寶誕演戲理事會：《打鼓嶺區慶祝甲午年平源天后寶誕》，頁 48。

1969 年，當地潮州人組成坪源潮僑天后寶誕會，慶祝打鼓嶺坪源天后誕，更於農曆三月廿六和廿七日，禮聘潮州戲班，演出一晝兩夜的神功戲。[17] 翌日晚上，大會舉行聯歡宴會，頒發錦旗予支持單位，更舉行聖物競投活動。事實上，在上世紀六、七十年代，一誕兩台戲的形式在香港地區神誕很常見。這兩台戲共用一個戲棚，由來自不同族群的信眾支持，故表演的是不同方言的戲曲。

> 坪輋潮僑慶祝天后誕酬神，由農曆二月廿六至廿七日，聘由玉梨春潮劇團公演助興，昨晚假座坪源茶樓聯歡宴會，同時舉行頒發錦旗典禮……是晚公演名劇「隋唐風雲」……同時舉行競投勝意福物，情況熱烈，深夜始盡歡而散。[18]

據田仲一成研究，新界潮州人參與賀坪輋天后誕「不是由農田水利、地域治安這類地緣性媒介而實現的結合，而是作為商業組織的結合」，亦因如此，兩個組織的祭祀形態有所不同。[19] 後來，因籌辦潮劇費用龐大，約上世紀八十年代已停辦，一誕兩台戲亦不再流行。時至今天，每年農曆三月廿二日，早上坪源潮僑天后寶誕會一眾善信會帶備祭品賀誕，晚上會舉辦晚宴競投福品來籌募賀誕經費。

---

17 〈元朗潮僑演戲祝天后誕〉，《華僑日報》，1975 年 4 月 28 日。

18 〈坪輋潮僑賀誕演戲　舉行頒錦旗歡宴〉，《華僑日報》，1977 年 5 月 16 日。

19 田仲一成：《中國宗族與演劇——華南宗族社會中祭祀組織、儀禮及其演劇的相關構造》（上下冊）（香港：三聯書店，2019），頁 225-253。

### 4. 經費籌集

籌辦一次天后誕的開銷多寡，視乎舉辦規模之大小而定。支出項目大致可分為搭棚、聘請戲班、聘請儀式專家、購買祭品和保險等，輕則數十萬，重則過百萬。每年按通漲，開支不斷上升。坪源天后誕的經費來源主要有三個：一是向善信籌集；二是香油補貼；三是競投福品。為了收取更多善信的捐款，鄉約各村的鄉紳領袖擔任持部人，他們大多是值理會成員。

**表 7.4 丙申年坪源天后誕投得聖品紀錄** [20]

| 競投成功的個人或團體 | 聖品名稱 |
|---|---|
| 民安地產 | 心想事成 |
| 坪洋三鄉 | 福壽康寧 |
| 順昌發展有限公司 | 金銀滿屋 |
| 長山古寺 | 玉佛觀音 |
| 梁建榮先生 | 如意吉祥 |
| 坪輋潮僑天后寶誕會 | 星光燦爛 |
| 陳春仁先生 | 豐衣足食 |
| 廖鈉勝太太 | 珠光寶氣 |
| 坪鄉三鄉 | 好運常來 |
| 吳志強先生 | 魚躍龍門 |

20 打鼓嶺慶祝平源天后寶誕演戲理事會:《打鼓嶺區慶祝丁酉年平源天后寶誕特刊》(香港:打鼓嶺區坪源天后廟理事會，2017），頁 22-45。

（續上表）

| 競投成功的個人或團體 | 聖品名稱 |
|---|---|
| 聯慶堂 | 家肥屋潤 |
| 聯合堂 | 周年旺相 |
| 粉嶺潮僑盂蘭勝會 | 悅目光輝 |
| 李勝發先生 | 大展鴻圖 |
| 李英偉先生 | 金玉良緣 |
| 坪洋同慶會 | 雍容華貴 |
| 陳偉彪先生 | 海闊天空 |
| 東勝堂 | 黃金萬鎰 |
| 合力貨櫃 | 得心應手 |
| 區少霞女士 | 財星高照 |
| 北區廠商會會長葉奕成先生 | 時來運到 |
| 陳昌連先生 | 玉手生輝 |
| 龍豐地產 | 富貴榮華 |
| 王偉基先生 | 財運亨通 |
| 河上鄉村公所 | 長戴長有 |
| 陳英田先生 | 情比金堅 |
| 吳海山、江啟旋 | 三星拱照 |
| 迅興隆劉強先生 | 珠圓玉潤 |
| 發利行有限公司 | 金碧輝煌 |
| 聯合堂 | 順風順水 |
| 陳春仁先生 | 風調雨順 |
| 鎮威堂 | 金玉滿堂 |
| 陳桂才先生 | 事事順景 |

（續上表）

| 競投成功的個人或團體 | 聖品名稱 |
|---|---|
| 王世明先生 | 珠聯璧合 |
| 李祖森先生 | 招財進寶 |
| 民頭哥 | 佛光普照 |

## 表 7.5 癸巳年善信贊助香油題名

| 村落與組織 | 持部人 | 捐款 |
|---|---|---|
| 下山雞乙村 | 首總理林金貴<br>村代表林勝發 | 一萬九千六百元 |
| 坪洋村 | 村代表陳華富<br>村代表陳偉清<br>村代表陳昆平<br>村代表陳月明 | 十一萬零二百五十元 |
| 坪洋村 | 打鼓嶺慶祝坪源天后寶誕會長陳仕明 | 九千五百元 |
| 坪洋村 | 陳運平 | 六千二百元 |
| 李屋村 | 村代表／會長李怡妹 | 八萬四千九百元 |
| 李屋村 | 村代表李英偉 | 二萬五千九百元 |
| 打鼓嶺鄉事委員會 | 主席陳崇輝 | 一萬元 |
| 羅湖村 | 村代表張漢松 | 二千一百元 |
| 鎮威堂 | 鎮威堂 | 六千四百五十元 |
| 雲泉仙館 | 雲泉仙館值理同人 | 二萬元 |
| 鳳凰湖村 | 村代表易渭東<br>村代表易來有 | 五千四百元 |
| 竹園村 | 姚新才 | 六千六百五十元 |

（續上表）

| 村落與組織 | 持部人 | 捐款 |
|---|---|---|
| 東勝堂 | 東勝堂 | 四千五百五十元 |
| 新屋嶺村 | 村代表張伙泰<br>村代表張天送 | 一千七百五十元 |
| 大埔田村 | 村代表蔡月明<br>村代表林英傑 | 六千九百五十元 |
|  | 會長陳華富 | 一千元 |
| 坪源天后廟 | 主持陳慧強 | 三萬二千三百元 |
|  | 陳霖生 | 一萬零七百元 |
| 香園村 | 村代表萬新財<br>村代表萬秀平 | 三千零五十元 |
| 萊洞同仁堂 | 萊洞同仁堂 | 一千元 |
| 簡頭圍村 | 副主席黃偉炎 | 一萬二千三百元 |
|  | 萬勝 | 一萬五千一百元 |
| 瓦窰村 | 村代表江勝凡 | 八千五百元 |
| 禾徑山村 | 村代表傅琛<br>村代表劉煥蕭 | 四千九百元 |
| 陳棠醒獅團 | 陳棠師傅 | 三百元 |
| 木湖村 | 村代表杜藉送<br>村代表陳若忠 | 五千四百元 |
| 塘坊村 | 村代表萬志鋭 | 四千元 |
|  | 戴國良 | 一千一百元 |
| 松園下村 | 村代表何禮輝<br>村代表何偉業 | 五千元 |

（續上表）

| 村落與組織 | 持部人 | 捐款 |
| --- | --- | --- |
| | 萬漢華 | 三千七百元 |
| | 侯永興 | 五千元 |
| 得月樓 | 村代表袁嘉雯 | 二千三百十元 |
| | 陳貴顯 | 一萬零一百元 |
| | 鍾志源 | 六千六百五十元 |

## ■ 第三節 ■　盂蘭勝會

### 一、盂蘭勝會之起源

盂蘭勝會起源眾說紛紜。民間流傳鬼門關大開，無主孤魂會從陰間來到陽間。佛、道兩家各有說法。道教以農曆七月十五日為中元節，源自該教的「三官」說。民間傳說七月鬼門關大開，無主孤魂到陽間接受施食，有些港人也依俗有「燒衣」儀式，超渡孤魂野鬼，避免在陽間作亂。本節嘗試闡述香港盂蘭勝會的由來，探索打鼓嶺區盂蘭文化的概況。

盂蘭源於梵文 Ullambana，漢語音譯為「烏藍婆拏」，逐漸演變為「盂蘭盆」。盂蘭盆原本意思為「解倒懸」。人生前作惡貪心，死後便變成餓鬼。餓鬼「口噴烈火，咽喉如針」，任何食物放進嘴邊，均化為灰燼，因而飽受飢餓之苦，導致「血肉枯槁，腹脹如山」，狀似處以倒懸之刑。盂蘭法事正是解開倒懸之苦。此外，後世用漢字邏輯理解「盂蘭盆」，誤以為「盆」就是盂蘭法事盛載祭品的盆。「盆」

實質解作「救器」，這明顯是音譯之誤。[21] 按印度佛教傳統，僧人出外化緣，接受信眾布施飲食供養。僧人為答謝信眾善舉，便會誦經祝福。目的是把功德「回迴向」給信眾，或者超渡他們已離世的親人。

佛教傳入中國後，經過漢化的洗禮，其內涵不斷豐富。後來加入儒家孝道思想之「目連救母」的故事，使民間盂蘭勝會更為大盛。據說佛祖有弟子名叫目犍連，簡稱目連，外號「神通第一」，具有上天遁地之能。目連的母親生前貪心吝嗇，死後下墜餓鬼道，淪為餓鬼。他不忍見她慘受倒懸掛之苦，運用神通直達餓鬼道探望母親。目連憑藉法力變出食物餵食母親，怎料食物一放進其母嘴邊便盡化灰燼，火燒喉嚨，狀甚痛苦。目連自知無能為力，遂請求佛祖開示。佛祖對目連孝心深受感動，教他在農曆七月十五日「僧恣日」，備飯百味五果，放在盆中，供養十方大德僧人。結果，集合僧人功德，誦經超渡，終助目連之母脫離餓鬼道，不再受餓鬼的苦報。[22]

值得注意的是，農曆七月十五日是佛教具有神聖意義的日子。自農曆四月十五日至七月十五日期間，僧人規定在寺院閉關修行。這段閉關時間為「結夏安居」。迄至農曆七月十五日，僧人修行圓滿，可以解禁外出，這天稱為「解夏」。佛祖歡喜弟子恪守佛規，精進修行，故又稱「佛歡喜日」。假若佛教弟子閉關期間，修行未有寸進，

---

21 鄧家宙：〈說佛教盂蘭法會儀式〉，《風俗演義》（香港：長春社文化古蹟資源中心，2012），頁 16。

22 竺法護：〈佛說盂蘭盆經〉，《大正新修大藏經》，頁 779。

僧人須在這天自我檢討，誠心向佛祖懺悔，此日稱為「僧恣日」。

有學者指出，由於盂蘭節與中元節的日子相近，導致兩者逐漸成為混合為一的祭幽活動。[23] 按道教的說法，農曆七月十五日為中元節，源自道教的「三官」說。三官者，天官、地官和水官也。三官各有職責：天官賜福；地官赦罪；水官解厄。三元節是三官的誕辰。正月十五日為上元節，七月十五日為中元節，十月十五日為下元節。中元節本為地官赦罪之日，大意指每年農曆七月十五日，地官負責審核凡人功過，如這天舉行醮會，可赦免亡魂的罪惡。

## 二、香港地區盂蘭勝會

《新安縣志》云：「十四日，為盂蘭會，化衣以祀其先者，必宰鴨為敬云。」[24] 開埠前，香港地屬新安縣，與不少地區一樣於農曆七月十四日舉行盂蘭會。特別的是，該區盂蘭會習慣以鴨為祭品，有說鴨與「厄」同音，喻意帶走厄運。現存記載香港早期香港盂蘭勝會資料非常稀少，只能散見於舊照片、碑刻、牌匾、民間文獻和報章等。過去學者相信香港最早的盂蘭組織為四環盂蘭公所，成立於 1857 年，會址是上環文武廟公所。然而，林國輝引用《德臣西報》（*The China Mail*），指出早在 1852 年農曆七月，東角市場（East Point Bazaar）

---

23　蕭登福：《道教與佛教》（台北：東大圖書館，2009），頁 284-313。

24　（清）舒懋官（修），王崇熙（纂）：〈輿地略〉，《新安縣志》（嘉慶），卷 2，「風俗」條。

已搭建竹棚，有神功戲表演活動。[25] 由此可見，早在 1850 年代，香港島最少兩處地方在農曆七月舉辦盂蘭勝會。

每逢農曆七月初一開始的一個月內，香港各區依俗舉行盂蘭勝會，超渡亡靈。不少球場會暫停開放，搭上竹棚，一下子變成祭祀場所。一些舊區大街小巷均設有神壇，提醒街坊盂蘭勝會即將舉行，鼓勵他們踴躍捐款。部分家庭會在路邊燒衣化寶，祭祀孤魂野鬼，俗稱「燒街衣」。此外，不同族群會按照自身的傳統進行祭幽活動，常見有廣府、水上人、海陸豐和潮州。我們很容易透過考察儀式、場地布置、儀式專家和供奉神明等，分辨出盂蘭勝會主辦單位所屬的族群。2011 年，潮人盂蘭勝會更獲納入國家級非物質文化遺產。

## 三、打鼓嶺區盂蘭勝會

### 1. 沙嶺竹園村盂蘭勝會

沙嶺竹園村盂蘭勝會全名為「沙嶺酬神慶典盂蘭勝會」，採用廣府式盂蘭。沙嶺村舉辦盂蘭勝會很大程度上是緣於附近的沙嶺墳場。另一說法，沙嶺村對出的街道時有車禍，村民為求心安於是發起盂蘭勝會。1967 年，他們與虎地拗村合辦盂蘭勝會，合作了兩年，因

25 林國輝：〈從歷史資料重構 1868 年香港四環盂蘭勝會〉，《田野與文獻：華南研究資料中心通訊》第 95 期（香港：香港科技大學華南研究中心，2019），頁 13-23。

意見不合而分拆。[26] 1970 年代初，沙嶺竹園村自行舉辦盂蘭勝會。以前，曾經在農曆七月十四日舉行，由於每次舉行都會遇上傾盆大雨，故請神選定日期為農曆七月十八日，自此順利舉行。[27]

盂蘭前一天，去年投得神爐的信眾會把神爐請回醮場。工作人員亦返回會址和廚房打掃，準備翌日的盂蘭勝會。從田野考察所得，神棚供奉了觀音大士、佛祖、呂祖、關帝、馬路伯公、[28] 伯公、大王、招財老爺、眾神和天地父母，另置有大士棚。農曆七月十八日，沙嶺村盂蘭會禮聘廣東喃嘸主持法會。從中午十二時開始，儀式包括：誦經、禮懺、揚幡、行朝及施食等，約下午四時化大士。晚上主辦大會舉辦晚宴，連開 20 席，邀請各方友好參與，並安排歌手現場獻唱流行曲。為了籌募經費，席間會舉行福品競投環節，天地爐和呂祖爐是當中福品之一。另外，大會亦趁機擲杯選出總理、副總理和財政。

據負責人所述，沙嶺村盂蘭會的會址約於三十年前購入。從現場考察，會址外牆張貼乙未年拜神拜（幫）手、乙未年盂蘭勝會工作人員名單和 2014 年投標神物名單。會址內則張貼 2014 年收支表，清楚列明沙嶺竹園村盂蘭勝會各項開支。該盂蘭勝會收入有三：一是份，每份為一年 500 元，類似會員費。全盛時期，共有 100 多份。以

---

26　周樹佳：《鬼月鈎沉：中元、盂蘭、餓鬼節》，頁 227-231。

27　阮志：《入境問禁：香港邊境禁區史》，頁 158。

28　據村長所述，約四十年前沙嶺村附近車路時有車禍發生，有人建議供奉馬路伯公，此後便再沒有發生過重大車禍。

2014年為例，只餘50多份；二是題，屬外人捐款，數目會用紅紙寫出來；三是投標，即競投福品，佔整體收入最多。支出則沒有細表列明，可推斷包括：搭棚、聘喃嘸費用、晚會盆菜、金銀衣紙、福品和歌手表演費等。

### 2. 嚤囉樓盂蘭勝會

此盂蘭勝會由嚤囉樓附近的佃農發起，只進行簡單化衣儀式。位置在舊幼稚園空地拜神，由20多戶集資，既沒有附薦先人，也沒有禮聘喃嘸頌經。舉辦日期多為農曆七月最後一日。他們購買大量金銀衣紙，還有食物乾糧，待拜祭後參與者可自行分配。據說，早年偷渡潮時期，區內接連死去多人，似有鬼怪作祟，故舉行盂蘭勝會，超渡孤魂野鬼。[29]

### 3. 長山古寺盂蘭勝會

長山古寺位於禾徑山廟徑，約建於乾隆年間，起初名為長生庵。從寺中破損的碑刻，隱約可見於同治年間該寺集資重修。過去廟徑是旅客經沙頭角前往深圳的古道，故長山古寺成為旅客中途休息的地方。寺前的對聯由沙頭角上禾坑村李培元撰寫。他曾任當地書塾

---

29 周樹佳：《鬼月鈎沉：中元、盂蘭、餓鬼節》，頁227-231。

圖 7-6　沙嶺村位處打鼓嶺區內，每年農曆七月十八日舉行盂蘭勝會。2015 年勝會晚宴上，邀請特約歌手到場獻唱，營造氣氛。

教師，享有較高聲譽。[30] 1920 年代，長山古寺遭受祝融之災，寺院嚴重受損，寺方再次發起重修。許多來自打鼓嶺和沙頭角的村落紛紛捐助。然而，寺廟的香油收入大幅下降，其重要性也被其他寺廟所取代。

> ……西為廟徑，有長山古寺，建甚久，重修於民國十年，內祀觀音佛祖及地藏王，管理者為老尼……廟內甚陋，游者極少，蓋僻處山陬也。[31]

今長山古寺是由大塘湖、禾徑山、坪洋、坪輋、萊洞、萬邊屋和蓮麻坑等七村共同管理。據蓮麻坑村長葉華清回憶，1970 年代前，七村沒有直接參與管理長山古寺。有說 1970 年中期，該寺主持欲將長山古寺的產權轉入自己的名下，地政署通知時任沙頭角鄉事委員會主席葉勝，於是聯合七村重新登記，並組成長山古寺執行委員會負責管理該寺。[32] 1997 年，該寺廟獲香港賽馬會慈善信托基金資助，由民政事務局古物古蹟辦事處及建築署監督，進行了全面修復工程，

30 按夏思義研究，李培元退休後便到長山古寺居住，直到去世。他的學生李長春考科舉，獲得秀才名銜。據說他北上考科舉前，曾路經長山古寺，與老師李培元拜別。由於李長春住了一晚長山古寺，便能高中秀才，不少考生爭相效發北上前會在長山古寺投宿。

31 黃佩佳：《香港新界風土名勝大觀》，頁 65-66。

32 共融網絡主編：《蓮麻坑・人・物・情》（香港：共融網絡，2011），頁 36。

並於次年被列為法定古蹟。每年農曆七月十八日，長山古寺舉辦盂蘭勝會，禮聘尼姑誦經，超渡亡靈。七村代表會集體上香，祈求合境平安。長山古寺門前大排筵席，舉行盆菜宴，席間更會安排歌手表演，招待七村村民，以聚鄉誼。

## ■ 第四節 ■ 承與創：坪輋舞火龍

每逢提起舞火龍，大家很自然聯想起大坑和薄扶林的舞火龍。前者已是國家級非遺；後者亦是香港非物質文化遺產代表作。自 2015 年，坪輋亦出現舞火龍活動，這既是傳統又是創新的「驅瘟活動」。

### 一、緣起

香港開埠以後，內地大量人口陸續遷到本港，港府未有為此做好規劃，造成衛生環境極為惡劣，導致瘟疫時有發生。1894 年鼠疫便是其中一例。時至今天，香港有不少風俗活動的起源均與驅瘟傳說有着莫大關係。普羅大眾在醫學落後的時代，既不清楚瘟疫傳播的成因，也不知道如何應對瘟疫肆虐。當時香港華人普遍相信此乃邪靈作崇，必須進行驅瘟儀式，方能使疫區脫離危機。舞火龍驅瘟是借助神力，將草龍轉化為神龍，通過繞境巡遊，達致驅瘟逐疫的效果。

據說 1880 年，有一條大蟒蛇走入大坑村作惡，後來為村民斬殺。豈料翌日蛇屍不翼而飛，更觸發一場瘟疫。村內少年死亡無數，村民寢食難安。相傳後來區內長老夢中得到仙人指點，着他以草紮成草龍，再插滿香枝，於中秋佳節晚上舞動全村，驅除瘟疫。火龍巡遊過後，果然湊效，瘟疫不再復返。自此以後，每年中秋迎月、正日和追月三天，大坑健兒便會舞動火龍巡遊大坑大街小巷，潔淨社區。[33]

大坑居民相信火龍經過之地方，就會帶走不潔的東西，令社區重回正軌。這個儀式已經延續百多年，是該區一項重要傳統；觀乎在市區地帶至今仍然能動員幾百名健兒參與其中，實屬難能可貴。2011年，大坑舞火龍獲納入第三批國家級非物質文化遺產，使其聲名衝出國際，成為香港文化旅遊著名景點。2012 年，大坑舞火龍總指揮陳德輝先生成為第四批國家級非物質文化遺產項目代表性傳承人。以前有其他地區都有舞火龍驅瘟，至今除了大坑以外，只餘薄扶林和香港仔兩處。

> 筲箕灣居民於昨日起，舉行（譚公爺出遊）防疫大運動……據該處居民所云，賑災事本目前之急，但際此霍亂而死者，以筲箕灣及水上人為最多，為防疫起見，故有此舉云。[34]

據陳友才口述紀錄，二次大戰以前，曾有兩次請天后出巡，其

---

33 黃競聰：《簡明香港華人風俗史》（香港：三聯書店，2020），頁 175-181。

34 〈筲箕灣居民昨舉行防疫運動　昨晚會景舉行火龍巡遊　今晚夜龍舟　明晚登刀梯〉，《工商日報》，1937 年 8 月 30 日。

└ 圖 7-7　2011 年大坑舞火龍成為第三批國家級非物質文化遺產項目。2015 年打鼓嶺非原居民因恐有雞瘟之災，仿效客家傳統於中秋節舉行坪輋舞火龍。

中一次是驅牛瘟。為此，坪洋村搭建神棚，供奉天后，更在晚上舞草龍驅瘟的紀錄。[35] 坪輋舞火龍則是近年「移植」的風俗活動，始於 2015 年，並於 2021 年停辦。2014 年底進口活雞爆發禽流感，打鼓嶺舊政府農場修建為本地活雞分流站，當地居民擔心雞瘟爆發。打鼓嶺坪輋保衛家園聯盟參考舞火龍驅瘟之說，邀請村民黃志強傳授火龍紮作之法，自家辦起舞火龍活動，祈求風調雨順、合境平安。正如 2015 年坪輋舞火龍舞動前，打鼓嶺坪輋保衛家園聯盟張貴財向群眾說出此次活動的理念：一是驅散瘟疫；二是將客家舞火龍的傳統帶入新界坪輋，復興鄉郊傳統；三是藉此讓村民團結。[36]

## 二、坪輋火龍紮作

坪輋火龍分為 15 節，頭、尾各 1 節，全長超過 20 米，每節約 1.5 米，均以竹桿支撐，方便火龍健兒舞動。紮作火龍的材料主要是禾草和竹。坪洋樹林眾多，尋找合適竹料並不困難。大坑火龍的珍珠草購自內地；薄扶林火龍的禾草來自本地農田，而坪輋火龍的禾草則購自山貨舖。紮作火龍師傅黃志強小時候居住在薄扶林村，曾學習紮作火龍，所以坪輋火龍的型態是參考自薄扶林火龍。參與紮作火龍的工作人員基本上全是義工，村民參與度較少，大多是邀請不同團體，

35 《北區文獻》，1982 年 8 月 5 日，打鼓嶺坪洋村陳友才先生訪問。

36 打鼓嶺坪輋保衛家園聯盟張貴財訪問，2015 年 9 月 15 日。

以活動形式參與紮作。[37] 紮作火龍頭部最為複雜。師傅使用火槍令竹屈曲，製成龍頭竹架，然後在龍架上鋪上禾草。龍身是在粗麻繩上覆蓋一層又一層的禾草構成，接着用鐵線繫穩。根據過往的慣例，黃師傅會紮作兩個不同尺寸的龍頭，較大的用作正日舞動，較細的則用於老人院表演活動。

## 三、儀式

坪輋火龍由打鼓嶺坪輋保衛家園聯盟主辦，核心成員來自當地非原居民。籌辦過程往往因應情況而邀請不同團體、機構參與其中。舞火龍的路線亦會配合當年活動內容而有所變動。村民非常重視中秋節，通常是一家人晚飯團聚過節。主辦團體為了讓更多村民參與，舉行時間較其他地區為晚，通常是在晚上九時開始。

中秋節前約一星期，主辦單位會安排義工，前往當區老人中心探訪。活動過程中，義工會舞草龍助慶。為了增加視覺效果，特別在龍頭串起 LED 燈飾，讓「老友記」提前感受中秋舞火龍的氣氛。由於場地空間有限，龍身至龍尾只有七節，活動完成後便會駁長加厚，用作中秋節當日舞火龍活動。

坪輋舞火龍基本上分為三個部分，分別是開光、繞境驅瘟和送龍。

37　以 2019 年為例，「藝術到家」舉辦火龍紮作班，招募有興趣的朋友參與紮作火龍，並自製吉祥物。隨後在中秋節翌日，從坪輋保衛家園聯盟導賞中心出發，巡遊到壁畫村。

火龍由村民自發進行開光儀式，賦予火龍驅瘟能力，舉行地點並不對外公開。火龍健兒在導賞中心出發，於九記士多舉行簪花掛紅儀式，村民和遊人可以隨意在龍身插香。到了約晚上九時，由龍珠帶領下，火龍在九記士多對出馬路正式舞動。由於空間比較寬敞，容易聚集人流，所以在此舞動表演時間較長，甚至會表演打龍餅的陣法。

整條舞火龍的路線全程沒有鐵馬阻撓，任由遊客自由「打咭」留念。沿途有村民負責交通秩序，確保巡遊隊伍的安全，引領火龍在安全位置舞動。有趣的是，每年火龍巡遊的路線並不固定，視乎當年活動的安排。不過，無論路線如何設定，導賞中心、九記士多和壁畫村這三個地方是不可或缺的。[38] 以 2016 年為例，坪輋火龍在九記舞動表演一段時間後，便轉入坪源路。這裏是一條單程路，缺乏照明設施，全靠村民協助。接着火龍巡遊至導賞中心，沿路多是狹窄小路，火龍健兒均打醒十二分精神，避免發生意外。最後抵達壁畫村，進行火化儀式。

巡遊過後，神龍驅除了地區的不潔東西，但神龍卻不能「循環再用」。因為神龍或多或少沾上地區的穢氣，所以有必要舉行送龍儀式。翌年需重新紮作一條新火龍。大坑和薄扶林兩地的火龍均舉行「龍歸滄海」儀式，分別是銅鑼灣避風塘和華富邨瀑布灣。由於坪輋遠離海岸，故送龍儀式一改傳統，轉用火化形式。送龍地點更沒有規

38 導賞中心和壁畫村是主辦單位平日聯誼和聚居的地方；九記士多則是打鼓嶺居民的地標。

定，根據當年活動流程而定。2017 年，就在坪洋公立學校進行火化儀式。

## 四、為甚麼是客家傳統？

雖然坪輋火龍的起源採用了客家人火龍驅瘟傳說，但其誕生與當地拆村事件有着密不可分的關係。關於瘟疫並非令人聞風喪膽的鼠疫，也不是 2003 年的沙士，而是村民憂慮打鼓嶺活雞分流站有機會引發雞瘟。正如 2015 年攝影師何嘉豪撰寫《鼓號》宣傳小冊子中，指出當地非原居民更懼怕的是「發展瘟」。他們往往首當其衝成為推土機下的犧牲品。事實上，新界東北發展導致不少非原居民的聚落被迫清拆，為求自救，遂組成打鼓嶺坪輋保衛家園聯盟。舞火龍驅瘟在他們的眼中，屬於客家人的傳統，而他們大多是戰後避難來港的一群，租借原居民的土地，自建家園數十載。這群犧牲者的客家人身份認同並非源自籍貫、官方賦予和族群關係，更多的是他們為居住在當區的後來者。[39]

## 五、為甚麼是舞火龍驅瘟？

近年，因非遺概念的普及，大坑火龍和薄扶林火龍分別榮獲國

39　從口述訪問中，在新界東北發展前，先來者原居民和後來者非原居民的關係稱得上是融洽，雙方身份基本上沒有太大的差別。直到港府決定發展新界東北，雙方的矛盾才出現。矛盾源自原居民和非原居民身份的不同，不同身份賠償金額可以是差天共地。如此自然造成雙方之間難以填補的鴻溝。

家級非遺和代表作的殊榮，每年中秋節前後均成為傳媒追訪的對象。坪輋火龍總指揮蔡旭威指出，既然港島有火龍，為何新界沒有火龍？舞火龍帶來的不單是官方認可，更重要的是帶來人流和傳媒報道。從港島兩地「移植」火龍活動，很明顯並非為了驅瘟，證諸舞火龍巡遊路線只有第一年在檢疫站外停駐舞動。坪輋地處新界邊陲，收地拆村對社會大眾是遙不可及的事件。坪輋舞火龍卻能在特定時空，藉着不同形式的參與，通過傳媒報道，引起大眾的話題，聚焦在這個偏遠的社區。

## 小結：沒有「排他性」的舞火龍活動

坪輋舞火龍從移植到在地實踐，十之八九的構思來自一班關心新界東北發展的外來者。活動的實際操作自然落在他們的身上。它既然不屬於非原居民的傳統，因此在儀式上並沒有刻意特顯非原居民的地位和社群特色，但巡遊路線就透視了主辦者的身份。基於上述原因，坪輋火龍的設定不會像其他宗教儀式般具有排他性，路線和表演形式充滿彈性，任何人都可以紮火龍和舞火龍。

進一步來說，坪輋火龍有沒有排除原居民的參與呢？答案是否定的。如前言所說，這個活動本身有着團結非原居民，連繫外來者介入社區的功能。值得注意的是，坪輋舞火龍的文化空間本身就在原居民的勢力範圍，說得白一點，如果沒有原居民的默許，坪輋舞火龍又怎能夠順利舉行呢？歸根究底，瘟疫肆虐，無分原居民和非原居民，改建活雞分流站亦非原居民所樂見。原居民和非原居民在這些前題下，利益變得一致。這正是移植舞火龍驅瘟可取之處。

2016 年，蔡旭威接任坪輋火龍統籌一職，更加着意增加原居民參與的成分。主辦單位在簪花掛紅儀式上，邀請打鼓嶺鄉事委員會主席擔任主禮嘉賓。他的參與某程度上代表原居民支持這個活動。再者，按照法例，舞龍須要申請牌照，這部分很明顯是得到原居民的幫忙方能成事。這正好說明坪輋舞火龍的包容性遠較其他兩地火龍為大。

第　八　章

# 鄉村教育

## ■ 第一節 ■　鄉村教育發展簡史 —— 以打鼓嶺區為例

新界村校發展大致可分為五個時期，分別是卜卜齋時期、方興未艾時期、蓬勃發展時期、衰落時期和後村校時期。村校的興衰印證了城鄉發展的歷程。1950 至 1970 年代，打鼓嶺區村校盛極一時，然而，隨着香港出生率不斷下降，近年不少鄉村學校勒令停辦。部分校舍空置，未能加以活化再利用。如今打鼓嶺區只剩下嶺英公立學校仍然運作。

**表 8.1　打鼓嶺區學校概況** [1]

| 村落 | 學校名稱 | 創辦年份 | 備註 |
|---|---|---|---|
| 塘坊 | 永傑書室 | 1889 年 | 曾作為第一代昇平學校的教務室 |
| 上山雞乙 | 上山雞乙書室 | 不詳 | 1928 年停辦 |
| 下山雞乙 | 義興堂書室 | 約 1938 年 | 不詳 |
| -- | 昇平學校 | 1946 年 | 1994 年停辦，2022 年拆卸，興建過渡性房屋 |
| 坪洋 | 坪洋公立學校 | 1957 年 | 2006 年停辦 |
| 新屋嶺、木湖、瓦窰 | 三和公立學校 | 1957 年 | 2006 年停辦，現改為香港導盲犬訓練學校 |
| 香園圍 | 香園圍公立學校 | 1957 年 | 前身是桂香堂，校址今改建為桂香堂香園圍村公所 |
| 羅湖 | 羅湖公立學校 | 1962 年 | 2005 年停辦 |
| 週田村 | 嶺英公立學校 | 1957 年 | 前身是週田學校，至今仍運作 |

## 一、卜卜齋時期

1898 年以前，香港新界的適齡兒童均接受傳統「卜卜齋」教育。新界各族稍有經濟能力者均自建書塾或書室，以鼓勵族人求功名，顯家聲。如永傑書室建於 1889 年，位於打鼓嶺塘坊村 12—13 號。原

1　打鼓嶺區鄉事委員會著：《打鼓嶺鄉志》（香港：三聯書店，2024），頁 170-186。

為塘坊村萬氏家族興辦的私塾，主要為家族子弟提供教育，同時也吸引鄰近村莊如坪輋、週田和坪洋等地的學生前來就讀。書室以永傑命名，是為了紀念開基祖萬勝發的祖先萬永傑。該書室建築為兩進三間式，正廳上設有一個閣樓。正門的門額上刻有「永傑書室」。門前有一道低矮的圍牆環繞。書室旁邊有一座兩層高的斗廊式建築，以青磚建造，頂部有金色的屋簷。該建築的門額上刻有「天降吉祥」四字，在書室牆上留有辛亥年的字樣。目前，書室已被改建為萬氏家族後代的住宅。[2] 這時期的學校大部分都是沒有獨立的校舍，大多是利用村中祠堂、廟宇和書室等作為教育場所。

新界租借後，香港政府開始關注新界教育的問題，於是頒布了第一條教育條例。部分新界私塾獲得津貼，惟政府投放的資源並不多，鄉村教育仍須依賴鄉紳和宗教團體開辦的民辦學塾。1918 年，新界津貼學校共有 48 間，學生人數為 1,132 名。[3] 1926 年，政府成立大埔漢文師範學校，着力培訓鄉村教師。1935 年，英國視學官賓尼（Edmund Burney）發表報告書，批評政府忽視小學的中文教育，應該加強發展基礎教育，建議新界村校的課程更緊貼學生的生活。新界村校順勢進行改革，無論是師資、課本和學制都須受到政府的規管，一些傳統書塾逐漸改稱「學校」。[4]

---

2 蕭國健：《香港新界北部鄉村之歷史與風貌》，頁 87-88。

3 趙雨樂、鍾寶賢、李澤恩編註：《香港要覽（外三種）》（香港：三聯書店，2017），頁 67-72。

4 較著名的有屏山達德學校、上水鳳溪公立學校和九華徑養正學校等。

## 二、方興未艾時期

二次大戰後，香港人口急劇增長。政府推出《十年建校計劃》和《小學擴展七年計劃》，以回應適齡學童人口增加的需求。當時正值香港百廢待興之時，政府財政緊絀，但鄉村校舍設施又嚴重不足。政府遂採用「一元津貼一元」的撥款形式，鼓勵官民共同建校。新界鄉村興起辦學潮，傳統私塾逐漸被淘汰，部分則轉型為公立學校。到了1950年代中期，新界鄉村學校已達三百多間。打鼓嶺區適齡學童眾多，學額需求甚殷，部分打鼓嶺區學童更前往蓮麻坑敬修學校就讀。由於新界鄉村經濟並不富裕，籌建一所新校往往須動員全村集資，甚或聯合鄰近村落合力籌建。有些熱心鄉紳甚至主動獻地建校，為鄉村子弟提供教育機會。如坪洋公立學校創辦於1957年，初期只辦小一至小四年級。[5] 1960年該校增建了兩間課室，分上下午班。[6] 由於學童眾多，1962年大埔理民府再撥地興建課室，並增辦五、六年級。[7]

## 三、村校蓬勃發展時期

踏入1960年代，鄉村學校如雨後春筍。全盛時期更是「處處鄉村處處校」。隨着新界適齡學童日增，原有校舍不足以配合教學的需要。政府實行半日制教學，分設上、下午班，提供更多的學額。與此

5 據村民所告，校址原是墳地，佔地近二萬呎。及後畢業者為數甚眾，為加強聯繫，幫助各屆畢業同學發揚互助互愛精神，於1976年成立「坪洋公立學校校友會」。2007年，因收生不足而關閉。早前有藝術團體借用校舍，舉辦音樂會。

6 〈打鼓嶺擴建坪洋校開課〉，《華僑日報》，1960年3月28日。

7 〈打鼓嶺坪洋校擴校舍增高小〉，《華僑日報》，1962年4月23日。

└ 圖 8-1　打鼓嶺區曾有不少書塾，如週田村觀泰家塾、永傑書室和山雞笏義興書室等。

同時，很多村校擴建校舍，加建課室，或另闢土地興建新校舍。

> 上水料壆村文興學校，創設十餘年，向租用民房為校舍，由於地方狹窄，至未能盡量收容適齡學童。村代表馮兆球有鑒於此，認為有籌建新校舍之必要，近籌建新校舍，預算建費三萬餘元……[8]

昇平學校創立於 1946 年，第一代校址座落永傑書室旁。[9] 學生多來自打鼓嶺附近一帶的簡頭圍、塘坊、李屋村、老鼠嶺等村落，人數三百餘名，經費主要來自教育司署及當地昇平社嘗產津貼。由於收生眾多，課室逐漸不敷應用。1957 年，籌備擴建校舍，教育署只撥款一半擴建費用，其餘一半則由昇平學校自行籌募。最後於 1961 年 3 月底落成啟用。[10] 原有六個課室，後再增建六個課室和校務室。[11] 全盛時期有 700 多名學生。

## 四、村校衰落時期

自 1970 年代起，不少鄉村人口移居市區，村校學生人數開始下

---

8 〈上水料壆村籌建校舍〉，《華僑日報》，1954 年 5 月 13 日。

9 〈打鼓嶺昇平學校擴建發生波折　鄉委會昨會議　決定五項步驟　將發動聯名簽呈當局堅持建校計劃繼續進行〉，《華僑日報》，1960 年 9 月 25 日。

10 〈打鼓嶺昇平學校建校波折獲解決〉，《華僑日報》，1961 年 1 月 13 日。

11 〈新界打鼓嶺昇平學校擴建校舍〉，《工商日報》，1956 年 8 月 24 日。

滑。到了 1980 年代中期後，村校更逐漸出現收生不足的情況，部分位置偏遠的村校更是首當其衝。昇平學校於 1994 年停辦，校舍閒置荒廢。直到 2021 年，博愛醫院申請該校址拆建為過渡性房屋，預計於 2024 年落成。[12] 2002 年，政府推行學校改善工程計劃，多間村校進行翻新。同年，小學縮班日趨嚴重，教育署遂頒布《統整成本高及使用率低的小學》文件（以下簡稱：統整政策），殺校潮湧現。地點偏遠、師資配套不足的村校首當其衝。如羅湖公立學校創立於 1962 年，位於打鼓嶺羅湖村，可容納百多名學生。由於地處邊境地帶，因此很多學生來自深圳，反而較少來自本區的學生就讀。2005—2006 年度，羅湖公立學校因收生不足被迫停辦。[13][14]

## 五、後村校時期

村校停辦，校舍失去原有功能，很多村校遭荒廢，甚或被拆卸。根據教育局空置校舍數據庫顯示，2015 年香港共有 234 間閒置校舍，不少位處新界地區。[15] 近年，社會大眾關注文化保育，舊建築活化再利用的概念逐漸為大家所接受，坊間亦開始探討閒置空間持續發展的可能性。如 2019 年，香村與長春社文化古蹟資源中心合作，

12 〈重返國產凌凌漆場景　復育農村歷史〉，《蘋果日報》，2015 年 8 月 25 日。

13 審核 2014-16 年度地政總署開支預算。

14 惟特區政府由二〇一三年起實施內地「雙非孕婦」來港產子零配額政策，預計跨境學童人數將會在兩、三年內達至高峰，隨後逐步回落。詳見政府公報：立法會十一題：跨境學童，22/6/2016。

15 〈使用和處理空置校舍摘要〉，香港審計署，2015 年 10 月 27 日。

舉辦《有你有我有田有山有水有意》村校校歌展。是次展覽蒐集來自香港不同地區共九首村校的校歌。由舊生重遊母校演唱校歌，重塑村校的聲音，讓觀眾重新想像及思考城市的變幻。筆者也先後策劃《歌山水樹人：村校記憶展》和《香校變奏：時光藝術展》兩個展覽，探索城市狹縫中的村校興衰。2017 年，政府開放部分空置校舍使用權，供非牟利團體借用，容許改變村校原有用途。例如曾有團體申請昇平學校改建為靈灰安置所，惟遭鄰近居民反對，最終擱置。2022 年昇平學校拆卸，興建過渡性房屋，名為博愛昇平村。[16]

## ■ 第二節 ■ 從民辦到官辦：嶺英學校

嶺英公立學校前身為週田學校，原址位於老鼠嶺週田村，屬於傳統私塾。1949 年 4 月，週田學校獲港府批准，經費轉由村民自行籌募，校址由杜氏龍章祖捐地興建。開辦初期，校舍只是單層建築，有兩個課室和一個廚房。隨着學額需求日增，學校只能採用複式上課。[17] 校方先後五次向政府申請津貼，最終於 1956 年獲得教育司署批准，改為津貼學校。翌年，新校舍在時任校長杜錦榕等策動下籌建，建築費約六萬餘元，並獲當局批「一元津貼一元」撥款，餘額由村民

16 博愛昇平村」打鼓嶺坪輋路過渡性房屋項目：https://www.hb.gov.hk/tc/policy/housing/policy/transitionalhousing/details_28.html

17 即是初小（一至三年級）一班，高小（四至六年級）為另一班。

自行籌募。[18]

> 近已在積極勸募中，熱心響應捐助者有：袁成、盧生、林福、林澤、林森、吳祖堅、鄭建等，均捐助鉅款；又由旅東安公所鄉僑蔡文、印尼耶加達張洪等，分向各該區僑勸募，頗獲良好成績。俟集齊各方捐款，可望本年四月間招投工程……[19]

為了籌集足夠款項，村民不惜把多棵百年樟樹砍掉出售，用作興建新校舍的經費。[20] 時至今天，校舍當眼處勒石以記善心人士名字，當中不乏移居他方的村民。1959 年，新校舍正式投入服務，易名為嶺英公立學校。開幕當天，由新界行政署署長何禮文主持，觀禮嘉賓多達數百人，場面十分熱鬧。[21] 同時，為方便學童前往學校，政府特別撥出英泥 200 多包供村民修建一條長約 2,200 英呎、闊 3 英呎的道路。這項工程不但讓學童受惠，亦大幅改善該村對外交通。[22]

---

18 〈新界和謙週田兩校重建　大埔中學計劃仍待推進　元中家長教師選新職員〉，《華僑日報》，1957 年 10 月 28 日；〈打鼓嶺邊境週田村嶺英公校開幕　觀禮嘉賓數百情況熱鬧　何禮文致詞勗勉各學生〉，《工商日報》，1959 年 5 月 8 日。

19 〈打鼓嶺週田村籌建新校舍〉，《華僑日報》，1957 年 2 月 21 日。

20 李子健、鄭保瑛、鄧穎瑜主編：《林蔭下教育：新界和離島學校的故事》（香港：中華書局，2022），頁 119-123。

21 〈打鼓嶺邊境週田村嶺英公校開幕　觀禮嘉賓數百情況熱鬧　何禮文致詞勗勉各學生〉，《工商日報》，1959 年 5 月 8 日。

22 〈打鼓嶺週田村籌建新校舍〉，《華僑日報》，1957 年 2 月 21 日。

校內設有四個課室，校長室、教員室、貯物室各一間及運動場。其後因學生人數激增，原有課室不敷應用，遂擴建兩個課室及一所教員室。後來再加建禮堂、菜園地及康樂園地。此地昔日為荒山野嶺，渺無人跡，今日則成為一所作育英材的好地方。週田學校業已停辦，校舍則保存下來，現改為民居。[23] 新建的嶺英公立學校位於打鼓嶺山坡，校舍是平房建設，校園廣闊清幽，遍植花草樹木，空氣清新，全無噪音影響學生上課。目前除了六個標準課室外，還設有電腦室，提供資訊科技教育。每個課室均設有投影器、電腦、電子白板及圖書櫃，有助提高教學質素。校內另設有禮堂、足球場和籃球場，能容納全校師生集會或進行各項課外活動。此外，學校於 1995 年自費在課室安裝冷氣機，使學生能有一個更理想的學習環境。該校亦設有校車服務，接送學生。[24]

全盛時期，嶺英學校不單服務打鼓嶺區學童，遠至上水華山村的學童也前來就讀。校方更會提供乘車津貼，減輕學生家庭的負擔。由於該校位處禁區，交通不便，不少年輕一代寧願移居市區。上世紀九十年代初開始，適齡學童大減，該校面臨收生不足的情況。

**過往學生人數一直約五百，但近兩年則驟減四百人左右，以一**

23 羅慧燕：《藍田樹下：新界鄉村學校》，頁 82-84。

24 打鼓嶺慶祝平源天后寶誕演戲理事會：《打鼓嶺區慶祝丁酉年平源天后寶誕》，頁 58。

年級為例，九零年度有七十人，但九二年度暫只得十多名學生。[25]

另一個收生不足的原因是小學統一派位制度。新界北區學童不獲分配到打鼓嶺小學，而原區部分學童則派到鄰近市鎮小學。[26] 隨着統整政策推出，校方為免殺校，吸引更多學生就讀，反利用地處邊境的優勢，加緊聯繫內地幼稚園，招募內地居住卻擁有香港居民身分的學生，終捱過這次危機。以 2014 年小一收生為例，共開五班，收生 125 名。[27] 2015 年，嶺英學校更獲政府撥款三千五百萬元擴建校舍，成為打鼓嶺區僅存的小學。[28]

## ■ 第三節 ■　活化閒置村校：三和學校

木湖村建有三和堂，祠堂內曾設有書塾。戰後因學生人數眾多，他們大都前往昇平學校及週田學校就讀。由於學額需求甚殷，1956 年當地鄉紳杜惠南積極向大埔理民府華樂庭反映木湖村、新屋嶺和瓦窰村三村學童就學問題，並按新界視學處的要求，禮聘建校顧

25 〈校風純樸　教學上下一心　物競天擇　鄉校逆境求存〉，《新報人》，1992 年 5 月 7 日。

26 同上注。

27 〈嶺英村校殺校邊緣大翻身〉，《香港商報》，2014 年 9 月 25 日。

28 打鼓嶺慶祝平源天后寶誕演戲理事會：《打鼓嶺區慶祝丁酉年平源天后寶誕》，頁 58。

└ 圖 8-2　三和公立學校荒廢經年，終於活化為導盲犬訓練中心。

∟ 圖 8-3　坪洋公立學校於 2006 年停辦後，屢次成為電視劇集的拍攝場景。

∟ 圖 8-4　籌建嶺英公立學校得力於不少移居海外鄉親，證諸建校碑記錄有「芝錦碧輪船水手部」和「士打多利輪船機部」等，新校舍於 1958 年落成。

問籌辦新校。[29]

……經本三村會同意，鳳溪中學廖維康校長、週田學校杜錦洪校監、光裕學校馮兆球校監、深鎮中學校長等，備蒙悉心協助，隨由木湖村出資二千元、瓦窰村出資一千一百元、新屋嶺出資七百元，合共三千八百元，統交大埔理民府辦理……

新校舍位於新界打鼓嶺松嶺木湖村，命名為三和公立學校，擁有三個課室，可容納百餘名學生。1959 年，三和公立學校舉行開幕典禮，由太平紳士趙聿修先生主持啟鑰儀式。[30]

儀式簡單隆重，由太平紳士趙聿修接受承建商陳炳渠所獻校匙後，隨將校門鎖鑰開啟，啟鑰後，由校監致開會詞，旋由校董江同新報告建校籌備經過。[31]

29 〈新界興學蔚成風尚　本年內建成之小學預算共達二十六間　大埔理民府華樂庭在三和公學啟鑰禮中加以透露　昨啟鑰禮由太平紳士趙聿修主持〉，《華僑日報》，1959 年 1 月 16 日。

30 〈三和公立學校　今午落成啟鑰〉，《華僑日報》，1959 年 1 月 16 日。

31 〈新界興學蔚成風尚　本年內建成之小學預算共達二十六間　大埔理民府華樂庭在三和公學啟鑰禮中加以透露　昨啟鑰禮由太平紳士趙聿修主持〉，《華僑日報》，1959 年 1 月 16 日。

自上世紀七十年代始，隨着人口減少，三和學校與其他位處邊境的學校同樣面對收生人數大幅下降的情況，遂招收跨境學童，然而最終未能符合統整政策的最低收生要求。三和公立學校於 2006 年被迫停辦。2020 年，該校校舍活化為香港導盲犬訓練學校。香港導盲犬服務中心於 2012 年成立，是由張偉民先生創辦的非牟利機構。該中心於 2022 年正式開始運作，佔地約 24,500 平方英呎，設有行政樓、犬舍、獸醫房和育嬰室等設施。該中心主要為視障人士和導盲犬提供安全的學習和訓練環境。[32] 此外，中心還設有一個紀念花園，安放導盲犬的銅像和紀念碑，以表揚導盲犬對人類的貢獻。

32 中心設施包括：模擬交通燈的斑馬線、模擬隧道、學習室和休息室等。同時，為了導盲犬的訓練，中心也提供活動柱、不同材質的地面、模擬行人天橋和隧道、狹窄小巷和室內訓練場等。中心還有一個草地公園，為導盲犬提供休息和娛樂的自然環境。

第 九 章

# 經濟活動

## ■ 第一節 ■ 農業

### 一、打鼓嶺區農業概況

香港地屬亞熱帶氣候，陽光及雨量充足，土壤合適，故甚宜種植水稻，質量甚佳。據父老所述，從前每年打鼓嶺稻田的收成兩造，分別在六月及十月。[1] 按《報告書》云，香港天氣甚宜種植水果，新界地區種植了梨、菠蘿和柚子等果樹，雜糧則以芋頭、蕃薯、花生為主，並有甘蔗及各種蔬菜。當時的農作物主要供應新界居民的日常生

---

1 每斗種的面積大約為 7,700 呎，每斗稻田的產量平均大約只有一至兩擔（即一百至二百斤），收成只屬一般。然而，鄰近河塘及圍內的稻田則較為肥沃，產量可以有三至四擔之多。

活所需，只有少量對外出售。[2] 此外，家庭式染布在農業社會中非常普遍，所以當時不少農地也種植靛青植物，用於製造染料。據統計二次大戰前，全港約有 20% 土地用於農耕，農民人數約 25,000 名。耕地用途佔 70% 用於水稻種植，餘者則於蕃薯、花生雜糧、甘蔗、果園和菠蘿種植。絕大部分的農作物在本地銷售，只有極少部分農作物如甘蔗和花生雜糧出口海外。

隨着內地政局動盪，港府基於政治考慮，避免完全依賴內地進口農產品，因此鼓勵新界地區發展本土農業。二次大戰後，大部分種植稻米的農田逐漸改種其他農作物，一來因為勞動力不足，二來種植水稻的收入比不上種植蔬果。更重要的是面對外地輸入的廉價食米，本地稻米自然難以競爭。證諸 1954 年全港農田面積 13,466 公頃，稻田獨佔 9,466 公頃，但此後數字一直滑落。到了上世紀八十年代末，稻田不足一公頃。[3] 1945 年以後，香港政府成立農業處，1953 年改組為漁農處，其中一個目標是推動蔬菜的生產，避免過分依賴內地的輸入。除此以外，大量農民遷入香港，他們租用種米耕地轉而改種蔬菜，蓋因種蔬菜的收入較種稻米為高。蔬菜生長期平均為 40 天，一年便有 8 至 10 造的收成。1954 年，菜田面積只有 819 公頃，到了

2 其時，駱克受英廷殖民地部委派往新界地區作調查，並於 1898 年 10 月 8 日提交《香港殖民地展拓界址報告書》（*Report by Mr. Stewart Lockhart on the Extension of the Colony of Hong Kong*），此報告書即調查之成果。全文由劉存寬教授譯成中文，載於劉智鵬主編之《展拓界址 —— 英治新界早期歷史探索》。

3 劉潤和：《新界簡史》（香港：三聯書店，1999），頁 125-145。

1969 年急增至 3,619 公頃。[4]

戰後打鼓嶺位處禁區，偏處一隅，人口稀少，農地日漸荒廢。後來，政府為有限度發展當區經濟，決定開發荒廢農田，此舉吸引不少逃難者聚居。他們大多來自潮州、惠潮、東莞等地，陸續遷居打鼓嶺以農耕為業。1955 年，據統計打鼓嶺區共有水田 122.84 英畝，菜地 26.56 英畝，果園 15.32 英畝，旱地 266.32 英畝，閒置耕地 23.64 英畝。部分外來居民向當地原居民租借田地耕作，或開墾荒地自立成家，亦有外來投資者開設農場。故當局批出貸款予貧苦農民，購買肥料、耕牛和飼料等。[5] 為了進一步改良農作物，增加產量，農林處仿效嘉道理農場的模式，在新界地區建立政府實驗農場。

> 現已將若平段土地編成畦列，分別種上蕃薯、花生等各種旱地植物。在現在所種的農作中，每行列之口，均豎有一白色小木牌，以便記錄該棵作物的播種日期，施肥過程及生長情形，均一一記錄在該小木牌上，以便從這些紀錄中予以研究，以作為各農作品改良的藍本。[6]

---

4　同上注。0

5　〈五十萬元農貸 今日開始發放 首批萬元貸與打鼓嶺農民〉，《香港工商日報》，1955 年 10 月 25 日。

6　〈打鼓嶺區特設機械農場　佔地廣闊設備新型為各區冠　經營不及一年荒土均已改觀〉，《華僑日報》，1958 年 4 月 3 日。

截止 1967 年，漁農處建立七個實驗農場，其中一個是打鼓嶺農場。該實驗農場位處平寮村附近，佔地近百畝，設施完備，包括：辦公室、農作物展覽室、職員宿舍、施拉機停車場、大水井一口和肥料貯置處等。[7]

**表 9.1　打鼓嶺實驗農場種植的種類及改良內容**[8]

| 實驗農場名稱 | 種類 | 改良工作內容 |
|---|---|---|
| 打鼓嶺農場 | 水果 | 香蕉：成本研究 / 生產吸根<br>番石榴及番木瓜：接種法成本測試<br>龍眼及甘蔗：接種法成本測試<br>荔枝及甘蔗：接種法成本測試 |
| | 飼料作物 | 旱地作物輪作測試 |
| | 草 | 牧草：七類品種觀察測試 |
| | 蔬菜 | 種植蔬菜及花卉測試<br>生產蔬菜種子 |
| | 家禽 | 維持一批經改良的本地家禽用作生產雞蛋和雞苗，供農戶使用 |

實驗農場設有展覽陳列室，展出試驗種植的成果。當中更把各類農作物製成標本，分門別類詳細闡述它們的種植過程，由翻土到施

7　同上注。

8　政府實驗農場分別是大龍農場、青山農場、上水農場、大帽山農場和西貢農場等。詳見蔡思行：《戰後新界發展史》（香港：中華書局，2016），頁 65-67。

肥，以至滅虫等均有涵蓋；還介紹各類家禽牲畜的飼養方法。[9] 面對鄉村城市化，農地日漸減少，農業只能向更偏遠的鄉村發展，打鼓嶺自然成為發展農業的理想地點。[10] 然而，很多當地農地業主因為擔心日後沒有辦法收回土地，故寧願任其荒地也不願意租借予外來人。有見及此，新界民政署及漁農處合作進行一個試驗計劃，由政府向農地業主租用，然後再轉租給佃農。政府充當中間人的角色，保證佃農可耕種的年期。如果業主想收回農地，佃農便需將土地交回政府，然後當局再轉還予有關業主。[11]

截至 2010 年，本港共有 2,000 多個農場，農民及工人近 5,000 人，總農地面積約 1,000 公頃。打鼓嶺區仍有不少農民種植蔬菜。菜田集中在今日的木湖村及嚤囉樓一帶，主要種植白菜和椰菜等蔬菜。新界蔬菜產銷合作社有限責任聯合總社更在打鼓嶺和坪輋設立蔬菜產銷合作社。隨着禁區開放，有村落積極開發荒地，開設有機農場，吸引本地旅客來此消費。

## 二、過境耕作證

1898 年新界租借以後，兩地居民在中英邊界各有農地。二次大

---

9　〈打鼓嶺區特設機械農場　佔地廣闊設備新型為各區冠　經營不及一年荒土均已改觀〉，《華僑日報》，1958 年 4 月 3 日。

10　1970 年代末，農地佔全港土地百分之十二，僅逾三萬畝，務農人數約一萬三千人，出產近十億元。隨着香港人口急升，對糧食的需求日增。1978 年，農地共 1,200 英畝，其中蔬菜產量足夠本地需求量百份之四十五。

11　〈政府正試驗租用荒田　轉租與農民〉，《華僑日報》，1978 年 6 月 6 日。

圖 9-1　隨着農業式微，打鼓嶺區諸多農地荒廢，部分更淪為「棕地」，近年有農地轉型為優閒農莊，吸引城市人前來享受田園之樂。

戰前，兩地人民自由進出，每天如常過境耕作。由於村民須經深圳河往來兩地，猶如田雞過河，故俗稱「田雞證」。[12] 上世紀五十至七十年代，過境耕作曾一度終止，致使土地荒蕪。據統計，迄至 1977 年，寶安縣擁有在港土地水稻 448 畝、蔬菜田 245 畝和魚塘 320 畝；新界 12 條村落共計在寶安縣擁有土地共 489 畝 3 分 9 厘，大多位於沙頭角和長嶺一帶。[13] 有見及此，經雙方協商，1981 年 1 月推行過境耕作證制度，持證者須在每天指定時段內進出香港：即早上六時至八時過境，並於同日下午六時前返回深圳，而且只限於指定區域，包括邊境禁區和五個傳統墟。持證者毋須通過常規的出入境口岸進出香港，可在指定閘口出入，過境耕作。[14] 時至今天，過境耕作證約 1,500 張，涵蓋深港兩地共 32 條村。[15] 新冠肺炎爆發前，每天約有 20 名持證者過境耕作。疫情肆虐期間，過境耕作曾一度明令停止。[16]

---

12 〈英國租借新界衍生「耕作證」〉，《東方日報》，2014 年 7 月 11 日。

13 劉蜀永、蘇萬興編：《蓮麻坑村志》，頁 92-96。

14 香港特別行政區政府新聞處，一九九七年十月二十九日 https://www.info.gov.hk/gia/general/dib/c1029.htm。

15 香港新聞網：〈深港邊境管理線上鮮為人知的“耕作口”〉，2012 年 5 月 15 日。

16 沙田區議會衞生及環境委員會文件 HE9/2020，2020 年 3 月 10 日。

## ■ 第二節 ■ 磚瓦業

### 一、戰前打鼓嶺磚瓦業概況

傳統的磚窰主要用作燒製青磚，為中式建築重要的建材。戰前打鼓嶺區的磚窰多是人工造磚。

> 人工造磚，先把泥挑選，傾進泥池加上清水，用牛將泥攪拌，使增加其壓力，然後放入製好的窰模，壓成一件又一件的泥磚，再放在有太陽地方晒乾，然後落磚窰燒焗，通常經過十二日時間，始能把磚塊燒妥；人工製造，每個磚窰十二日可生產七萬磚…… [17]

新界租借初期，受九廣鐵路和基建工程帶動，燒磚業在打鼓嶺區曾一度發展不俗。據《報告書》載：「新界各地還製作青磚供本地之用，此外還有越來越多的從新界北部的工場用大木船向香港和廣州運磚的出口貿易。十年前新界還很少製瓦，但是現在已漸發展。兩家主要的瓦廠位於深圳河旁的上水附近的木虎（Muk Fu）：每間廠一個月生產 75,000 塊磚。」[18] 文中提及的木虎相信是今之木湖瓦窰，由江氏所建，自設燒窰，生產青磚、紅磚及瓦。江氏原居廣東惠陽，於光

17 〈香港磚業〉，《華僑日報》，1955 年 9 月 20 日。

18 劉智鵬主編：《展拓界址 —— 英治新界早期歷史探索》，頁 267。

緒年間遷入當地，建村開窰，供鄰近村民建造房屋。該村位處木湖村之北，為了區別坪洋三鄉瓦窰下[19]，故命名為木湖瓦窰。[20] 據說全盛時期，木湖瓦窰共設有五座磚瓦窰，工人逾百，磚瓦從木湖經深圳河運往深圳墟等地販賣。

二次大戰以前，較大型的磚廠位於羅湖，名為羅湖磚廠。黃佩佳在《香港本地風光·附新界百詠》中提及羅湖磚廠：

> 華夷分限到羅湖，野渡煙迴仄徑迂；但見磚窰凌漢立，滄桑奚忍認輿圖！
> 在新界大陸之極北，當深圳、鳳水兩河之匯。沿河小邱峙立。側有大路，東北行，經逕頭、打鼓嶺、逕肚、逕口而達沙頭角，凡七英里。渡河即屬寶安縣，亦稱羅湖，村居在焉。英屬僅有羅湖磚窰一所，煙突高廿餘丈，經營十餘年，今已停辦。直達廣州之公路，即經其側。南去上水，一英里耳。[21]

文中提及羅湖磚窰在二次大戰前已停止運作。屋漏兼逢連夜雨，據報載，該磚廠負責人為謝良，於 1935 年遭四名賊匪行劫，劫

19　十九世紀瓦窰下有三個磚窰，以燒瓦、燒青磚和紅磚為主。詳見打鼓嶺區鄉事委員會著：《打鼓嶺鄉志》（香港：三聯書店，2024），頁 24-25。

20　據 1957 年軍用地圖顯示，稱木湖瓦窰為 Muk Wu Chuen Yiu（木湖磚窰）。

21　黃佩佳：《香港本地風光·附新界百詠》（香港：商務印書館，2017），頁 334。

去現金135元，衣物價值63元。賊匪得手後，逃去無蹤。[22] 據得月樓所述，該村也設有磚廠，燒製後便運往上水售賣，戰後磚廠停產。[23]

## 二、紅磚與沙磚

紅磚的原料是用山泥混合石英沙，經人手或機器壓成磚型，然後放到磚窰燒製。磚的顏色是根據氧化程度而定。磚塊的重量和受壓度均有規定，未經燒製前的泥磚重100兩，完成後組磚只重70兩，每方呎可承受五百磅壓力，耐熱度高達850至110度。按1948年的市價，每一萬塊紅磚售價約1,100元至1,300元。[24]

沙磚則是用泥土、英坭和細沙用水混和在一起，製成磚型後，放到空地曬乾便可應用。由於沙磚沒有經過燒製過程，質地自然比不上燒磚耐用，然而價錢較為便宜。沙磚曾廣泛應用在徙置區和鄉郊平房。不過，有的不法商人為謀利不惜減低英坭的份量，若用於建築物的主力牆，隨時有倒塌的危機。[25]

---

22 〈新界上水發生劫案　羅湖磚窰被四賊械劫　失贓約值百餘元〉，《工商日報》，1935年8月6日。

23 《北區文獻》，1982年8月8日，馮志強先生訪問。

24 〈建生磚廠大量生產火磚　每天可產六萬餘塊〉，《大公報》，1948年11月8日。

25 〈香港磚業〉，《華僑日報》，1955年9月20日。

## 三、打鼓嶺磚瓦業的興衰

香港重光初期人口急增，對建材的需求甚殷。本地磚廠高達三、四十間，分布在屯門、上水、元朗、粉嶺、羅湖、大嶼山和青衣等地。其中，屯門建生磚廠尤為著名，它成立於 1932 年，日據時期曾一度停產。重光後復產，有 600 多名工人。建生擁有兩架巨型印磚機，約四架小型印磚機，兩個大磚窰。每天平均產量共達六萬餘。[26]

> 磚廠的經營，大體分為大中小型，大型的資本起碼一二百萬元，其業務包括有燒「通心磚」、「磁磚」、「紅磚」與「普通青磚」，俱以機器製造為主；中型的廠家，資本較小，約四五十萬，亦以機器壓製為原則；小型的三幾萬可以開設，通常是以人工代替機器，工人方面則視乎其業務如何，由五六十至一千多人都有……[27]

由此可見，建生磚廠屬於大型工廠，為了增加競爭力，改用油渣燒磚，成本比燒煤便宜，質素卻更佳。[28] 迄至 1950 年代初，香港磚業發展蓬勃，甚至遠銷新加坡、澳洲和非洲等地。[29]

---

26 〈建生磚廠大量生產火磚　每天可產六萬餘塊〉，《大公報》，1948 年 11 月 8 日。

27 〈香港磚業〉，《華僑日報》，1955 年 9 月 20 日。

28 〈建生磚廠大量生產火磚　每天可產六萬餘塊〉，《大公報》，1948 年 11 月 8 日。

29 〈本港製磚業　年來頗正常〉，《華僑日報》，1952 年 11 月 25 日。

製造磚瓦需就地取材，取山泥作為磚的材料，但是有時候村民認為此舉引起風水問題，與廠方發生糾紛，更有甚者會觸發械鬥事件。

> 新界近來因風水問題，鄉民屢起糾紛，各地因築路挖泥等工程，引起鄉人誤會，甚至打架……村民與附近德昌磚廠工人衝突，數十人持木棍鋤頭在路口把守，不准取山泥，後經警方出動□□□□始息。[30]

沙嶺村民亦曾從事燒磚，初時以人手燒製，後來改用機械打造。邱才創辦聯安磚廠，他曾在警界服務多年，退休後經營磚廠，設廠於沙嶺長埔頭 542 地段，辦事處則設於旺角奶露臣街。[31] 報載，1959 年警方在一次掃蕩黑社會份子中，前往沙嶺四間磚廠進行圍捕，拘去工友廿餘人。文中提到這四間磚廠共聘有工人四、五百名。由此可見，其時沙嶺磚業發展不俗。[32] 1963 至 1965 年，香港磚業迎來短暫的小陽春，由於運輸費用昂貴，海外市場基本上 已經停頓，業務主要是內銷。

---

30 〈新田鄉發生風水之爭　鄉民禁德昌磚廠取坭把守路口險釀成械鬥〉，《華僑日報》，1958 年 5 月 30 日。

31 〈邱才退休　經營磚廠〉，《華僑日報》，1955 年 1 月 15 日。

32 〈警方大舉掃蕩黑色份子　圍搜沙嶺四家磚窰　拘去工友二十餘名〉，《華僑日報》，1959 年 9 月 7 日。

└ 圖 9-2 磚瓦業曾是打鼓嶺區重要經濟產業，今該區較為完整的磚窰遺址位於木湖瓦窰。

然而，本港磚廠面對內地低價傾銷，難以競爭。本港建築樓宇使用的花階磚和坭磚近 98% 來自內地。1965 年，香港還有廿間磚廠，到了 1968 年只餘四間。倘若遇上經濟不景氣，連帶建築業也受影響，香港磚業自不能倖免。[33] 事實上，報章引某廠為例，1953 年製磚工人共有 50 多名，日產 6,000 塊磚；到了 1968 年只餘三名工人，日產僅 1,000 塊左右。[34] 1960 年代，木湖瓦窰已停產，只保存了三座磚瓦窰。雖閒置多年，當中一座仍保存良好，其頂部排氣孔為植物遮閉，然而窰道殘存，可待研究。[35] 新屋嶺本來也有兩間磚廠，分別是雙英磚廠和新生磚廠，約 1970 年代相繼停產。[36] 隨着沙嶺磚瓦業式微，沙嶺村村民利用廢棄的磚瓦，砌建魚缸，轉行飼養熱帶魚，如紅劍和黑摩利等。村民就地取材在池塘邊撈沙蟲，作為熱帶魚的飼料，待時機售賣給市區熱帶魚商人。

## ■ 第三節 ■ 墟市

明清時期，隨着農村經濟發展日趨成熟，定期的墟市逐漸形成。墟市相當於現今的市場，村民以買賣形式交換農產品和生活用具

33 〈多種因素打擊下　本港磚業面臨低潮〉，《工商日報》，1968 年 3 月 18 日。

34 〈大陸磚塊多到　港磚廠受打擊　目前只四家有生產〉，《華僑日報》，1968 年 3 月 19 日。

35 蕭國健：《香港新界北部鄉村之歷史與風貌》，頁 96。

36 打鼓嶺區鄉事委員會著：《打鼓嶺鄉志》，（香港：三聯書店（香港）有限公司，2024 年），頁 24-25。

等。一般墟市都會在每個月指定日期開市，如一、三、五，即逢農曆初一、初三、初五、十一、十三、十五、廿一、廿三和廿五。由於每個墟市提供的貨品都不盡相同，鄰近墟市的墟期各異，為免造成惡性競爭，村民會按着墟期到訪不同墟市，如打鼓嶺村民會到深圳、沙頭角、大埔和上水等墟市購物。值得注意的是，墟市匯聚了各區村民，他們不僅購買生活所需，且能互相交流，交換各種消息和行情。管理墟市的大族無疑掌握物資的流動，等如掌控當區的經濟命脈，對自身勢力的鞏固極為重要。上世紀六七十年代，打鼓嶺區人口增加，為滿足村民的需求，區內有兩處小型市集，分別位於打鼓嶺村和坪輋，但是選址不如理想。[37] 大型墟市始終是打鼓嶺村民不可或缺的購物地點。以下主要簡介打鼓嶺區居民經常到訪的三個墟市，分別是深圳墟、石湖墟和聯和墟。

## 一、深圳墟

深圳墟曾是新安縣最繁盛的墟市之一，由當地大族如羅湖村袁氏、黃貝嶺張氏、蔡屋圍蔡氏和尹崗何氏共同管理，早載於嘉慶年間出版之新安縣志。深圳墟極具規模，共有四個出入口，即東門、西門、北門和南門。早期墟內位置約今羅湖東門一帶，由民縫街、上大街、鴨仔街、養生街、曬布街等幾條街市構成，其範圍之廣，儼然一

---

37　打鼓嶺鄉事委員會曾反映地點未如理想，曾計劃向當局建議另一個適中的地方，作為當區的市集。〈打鼓嶺大好農田多荒廢　盼准建廠建屋〉，《華僑日報》，1968 年 12 月 17 日。

個小鎮的規模。無論上水、打鼓嶺和沙頭角居民均乘搭渡船，前往深圳墟進行買賣。該墟又俗稱「東門老街」。其時，打鼓嶺區居民主要前往深圳墟進行交易或購買日常用品，步行約一小時。後因廣九鐵路貫通省港，交通便利，深圳墟成為香港與內地商品的集散地。報載，「此地□隸新界，然凡有所需，多就深圳購取，以其備而平……若赴大埔及沙頭角，則遠逾半矣」。[38] 1911 年，該墟商人為維護商家利益，成立「深圳墟商會」，會址設於安仁善堂。1917 年，商會改組。全盛時期，墟內商店共有 240 家。[39] 1927 年，深圳墟商會組織民團，巡邏墟市，維持治安。[40] 1939 年，深圳受日軍轟炸，景況蕭條，商店開業僅約 30 家，商民只餘 300 多人。[41]

據陳友才口述歷史資料，從前打鼓嶺區居民主要前往深圳墟進行買賣。

> ……步行約一小時，通常擔穀、柴、雞鴨去賣，很少去沙頭角。至於上水，戰後才興起，戰前只幾間小店，賣些餅食，豬肉、牛肉也沒得賣。在戰後，深圳多人逃來香港，在上水立足，上水始興。至於鮮魚、豬肉，不用往墟市買，自有人擔上圍來售賣。理髮亦有人上圍……這些買賣，多是六約內村民自

38 〈六和園啖荔記〉，《工商日報》，1929 年 6 月 21 日。

39 阮志：《入境問禁：香港邊境禁區史》，頁 184-185。

40 〈廣州快訊〉，《香港華字日報》，1927 年 9 月 21 日。

41 〈深圳墟之蕭條景象〉，《香港華字日報》，1939 年 3 月 10 日。

> 做的。投深圳墟，多買些日用品、衣服、農具、拜神用品等。沙頭角的貨品，其實亦由深圳運去。[42]

1951 年，兩地人民不能再自由往來，更遑論到深圳投墟。打鼓嶺居民轉而到聯和墟交易。

## 二、沙頭角墟

沙頭角墟約建於嘉慶廿五年至道光十年間，初名為桐蕪墟，後易名為東和墟，位置在深圳河以北沙頭角鎮橫頭街一帶。沙頭角村落組成沙頭角十約，又名東和約，負責管理沙頭角墟。沙頭角墟逢一、四、七為墟期。墟市有三條街道，分別是上街、下街和舊街。，墟內擺賣東西種類繁多，米、魚、文具和油鹽雜貨。沙頭墟設有公秤，凡村民進行買賣均以公秤作標準，使用後需繳交秤金。公秤設在東和局，位於墟內文武宮。公秤管理權則按年投標，價高者得，所得的收入歸十約，並由每約輪流擔任約長負責管理。[43] 從前沙頭角有火車到達，但班次疏、車卡少，村民寧可選擇徒步前往。[44]

---

42 《北區文獻》，1982 年 8 月 5 日，打鼓嶺坪洋村陳友才先生訪問。

43 《北區文獻》，1982 年 6 月 7 日，鍾國材先生訪問；1982 年 8 月 13 日，何昌冠先生訪問。

44 《北區文獻》，1982 年 6 月 7 日，鍾國材先生訪問；1982 年 8 月 13 日，何昌冠先生訪問。

## 三、石湖墟

康熙年間出版的《新安縣志》載，石湖墟列為天崗墟，於清嘉慶年間移石湖，名為石湖墟，位於上水圍與龍躍頭之間，即今新功街和巡撫街一帶。石湖墟前身是打石場，故老相傳，開設初期規模甚小，只有一條短街名為「咱婆街」，僅得八間商店。墟期定於一、四、七日。[45] 二次大戰以前，隨着九廣鐵路開通，以及大埔公路相繼落成，交通大幅改善，使石湖墟躍升為新界北區重要的墟市之一，也是打鼓嶺區居民經常前往趁墟的地方。據老村民憶述，從前石湖墟提供打穀機，供農民磨去穀殼成白米，而水上人則多以物易物，出售魚穫。石湖墟原有一座報德祠，以紀念周王二公。1955 年及 1956 年，石湖墟先後遭祝融之災，石湖墟付之一炬，報德祠亦燒毀。[46] 1964 年，石湖墟重建落成，於 3 月 15 日舉行開幕典禮。[47] 新闢街道命為新豐、新康、新成、新功等。石湖墟仍有一條巡撫街，以茲紀念周王二公之功績。

## 四、聯和墟

1947 年，聯和置業有限公司（Luen Wo Land Investmnet

45 梁炳華：《北區風物志》，頁 62。

46 報德祠面積共三、四千呎，供奉周、王二公，戰前曾闢作書塾。報德祠祭祀分為新約和舊約，舊約定於每年農曆五月十九日，由上水廖允升堂、上水廖族、龍躍頭鄧族及新界侯氏組成；新約由侯、廖、鄧、文、彭新界五大族組成，祭祀日期定於農曆六月初一。

47 〈重建石湖墟大會 定期為火災紀念日 港督柏立基將親臨觀禮〉，《華僑日報》，1964 年 1 月 15 日。

Company Limited）成立。1948 年 1 月 2 日開始招股，計劃集資港幣 50 萬元，[48] 分為創辦股和普通股認購。前者以村落名義購買，後者則供個人名義購買。更有新界大族以族產及公司認購。參與的地區包括：粉嶺、打鼓嶺和沙頭角 113 條村，涵蓋約三萬餘居民，合資購買近粉嶺火車站 60 萬呎空地，設置墟市。[49] 打鼓嶺村落對此紛紛表示支持，踴躍認購聯和墟的股票。蓋因自禁區實施以後，該區居民不能前往深圳趁墟，改往石湖墟買賣。惟其規模卻不足以支援整個北區，聯和墟的開設正合時候。

1951 年 1 月，聯和市場建成，由建築師莫若燦設計，樓高一層。墟內的街道名稱分別以「聯」和「和」起首，如和豐街和聯發街等街道，聯和市場和沙頭角公路交界的街道稱為聯和道。聯和街市共有 60 個檔口，分別有豬肉檔、鮮魚檔、蔬菜檔、鹹魚檔、雞鴨檔、牛肉檔及豆腐檔。其附近另建有 90 間商舖，售賣洋貨、米舖、茶樓、旅店等。第一屆董事局有九名董事，當中包括李仲莊、馮其焯、鄧勳臣、劉維香、彭朝仁及黃冠仁等，打鼓嶺鄉事委員會創辦人陳友才亦榜上有名，成員充分反映新界北區宗族在聯和墟的地位。[50]

開市初期，墟期定為一、四、七日，[51] 日期與石湖墟墟期相同，

---

48 法定資本為港幣 50 萬元，合共 5 萬股，每股 10 元，內分 500 股為創辦股，49,500 股為普通股。

49 〈新界一百一十三村村民三萬餘名合力開闢聯和墟〉，《華僑日報》，1949 年 3 月 9 日。

50 劉效庭著、陳國成主編：《香港地區史研究之三：粉嶺》，頁 155-185。

51 即農曆初一、初四、初七、十一日、十四日、十七日、廿一日、廿四日和廿七日。

### 表 9.2　北區以村落名義認購創辦股名單

| | | | | | |
|---|---|---|---|---|---|
| 南涌李屋村 | 蓮塘尾村 | 蓮麻坑村 | 嶺皮村 | 料壆村 | 羅坊村 |
| 老鼠嶺村 | 南涌羅屋村 | 盧慈村 | 聯安村 | 林村 | 龍躍頭村 |
| 馬尾下村 | 大塘湖村 | 麻雀嶺 | 萬屋邊村 | 木湖村 | 南華莆 |
| 吳屋村 | 榕樹凹 | 安樂村 | 環角村 | 蓮塘村 | 沙羅洞李屋村 |
| 坪輋村 | 坪山仔村 | 坪洋村 | 平和尾村 | 西嶺下 | 三亞村 |
| 新塘埔村 | 新屋仔村 | 新村林屋 | 新田村 | 新屋嶺 | 沙井頭 |
| 山雞乙村 | 山咀村 | 石涌村 | 萊洞村 | 上下苗田村 | 鎖羅盆 |
| 崇謙堂村 | 小坑村 | 嶺仔村 | 大埔田村 | 大頭嶺 | 大窩村 |
| 大埔頭水圍 | 担水坑村 | 塘坑村 | 塘坊村 | 塘肚山 | 荔枝窩 |
| 菜園角 | 蕉徑村 | 七木橋 | 元嶺村 | 捕江下 | 橫山腳 |
| 禾徑山 | 和合石 | 鹿頸黃屋村 | 烏交田村 | 碗窰村 | 流水響村 |
| 南涌楊屋村 | 營盤村 | 麻笏村 | 禾坑村 | 亞麻笏 | 丙崗村 |
| 鹿頸陳屋村 | 南涌鄭屋村 | 張屋村 | 慈棠村 | 簡頭村 | 簡頭圍村 |
| 鹿頸朱屋村 | 竹園村 | 松元下 | 松柏朗村 | 涌尾村 | 涌背村 |
| 粉嶺村 | 粉嶺樓 | 虎地排村 | 鳳凰湖村 | 鳳坑村 | 下坑村 |
| 坑頭村 | 香園村 | 河上鄉村 | 龜頭嶺村 | 鶴藪村 | 孔嶺村 |
| 金錢村 | 金竹排 | 九龍坑 | 九担租 | 高甫村 | 江下村 |
| 古洞村 | 谷埔村 | 軍地村 | 軍地新村 | 鹿頸林屋村 | 三和約村 |
| 禾坑凹下 | 沙羅洞張屋仔 | | | | |

某程度上說明彼此間的競爭關係。聯和墟選址四通八達，鄰近有粉嶺火車站，故開業不久，很快有後來居上之勢。因聯和墟廣受歡迎，買賣日益頻繁，故取消墟期，改為每天擺賣。全盛時期，很多北區菜農也前往市場對出的空地擺賣，轉售予港九的菜販。由於售賣時間為凌晨時份，故該墟又稱為「天光墟」。[52]

2002 年，聯和墟市場停業，攤位均遷往聯和墟街市和熟食中心。聯和墟市場曾短暫租予可循環再造物料回收中心和環保市集。2010 年 1 月 22 日，聯和墟市場獲評定為三級歷史建築，並納入第五期活化歷史建築伙伴計劃。最後，由香港路德會社會服務處承辦，活化為「聯和市場 —— 城鄉生活館」，館內設有本地菜檔、社區小店及技藝店。[53]

52　劉效庭著、陳國成主編：《香港地區史研究之三：粉嶺》，頁 155-185。

53　香港歷史文物 / 保育・活化網頁 https://www.heritage.gov.hk/tc/revitalisation-scheme/batch-v-of-revitalisation-scheme/virtual-tour-on-batch-v-historic-buildings/luen-wo-market/index.html。

└ 圖 9-3　活化後的聯和市場改名為聯和趁墟，不定期舉辦市集，吸引了不少街市和遊客。

# 參考文獻目錄

## 中文部分

### (1) 歷史


1. 丁又：《香港初期史話》（北京：三聯書店，1984）。
2. 丁新豹：《香港早期之華人社會 1841-1870》（香港：香港大學，1988，博士論文未刊稿）。
3. 小林英夫、柴田善雅：《日本軍政下的香港》（香港：商務印書館，2016）。
4. 元邦建編著：《香港史略》（香港：中流出版社有限公司，1988）。
5. 方舟、張楠迪揚、陳振寧：《香港邊界禁區發展策略研究 —— 研究報告》（香港：一國兩制研究中心，2010）。
6. 王齊樂：《香港中文教育發展史》（香港：波文書局，1983）。
7. 王賡武主編：《香港史新編》（香港：三聯書店，1997）。
8. 古物古蹟辦事署：《1444 幢歷史建築物的評估結果》
9. 司馬龍：《新界滄桑話鄉情》（香港：三聯書店，2003）。
10. 打鼓嶺慶祝平源天后寶誕演戲理事會：《打鼓嶺區慶祝甲午年平源天后

寶誕》（香港：打鼓嶺區坪源天后廟理事會，2014）。

11. 田仲一成，錢杭、任余白譯：《中國宗族與戲劇》（上海：上海古籍出版社，1992年8月第一版）。
12. 何佩然：《地換山移 —— 香港海港及土地發展一百六十年》（香港：商務印書館，2004）。
13. 何佩然：《風雲可測 —— 香港天文台與社會變遷》（香港：香港大學出版社，2004）。
14. 何佩然：《築景思城 —— 香港建築業發展史（1840-2010）》（香港：商務印書館，2010）。
15. 何佩然：《點滴話當年 —— 香港供水一百五十年》（香港：商務印書館，2001）。
16. 余繩武、劉存寬、劉蜀永編著：《香港歷史問題資料選評》（香港：三聯書店，2008）。
17. 余繩武、劉存寬主編：《十九世紀的香港》（香港：麒麟，1997）。
18. 李祈編：《新界概覽》（香港：新界出版社，1954）。
19. 李龍潛：《明清廣東社會經濟研究》（上海：上海古籍出版社，2006），頁290-291。
20. 杜臻：《粵閩巡視紀略》（台北：台灣商務印書館，1984）。
21. 阮志：《入境問禁 —— 香港邊境禁區史》（香港：三聯書店，2014）。
22. 阮志：《中港邊界的百年變遷：從沙頭角蓮麻坑村說起》（香港：三聯書店，2012）。
23. 阮志：《越界 —— 香港跨境村莊及文化遺產》（香港：三聯書店，2016）。
24. 周家建、張順光：《坐困愁城：日佔香港的大眾生活》（香港：三聯書店，2015）。
25. 周家建、劉智鵬：《忍氣吞聲：日治時期香港人的集體回憶》（香港：中華書局，2009）。

26. 周廣：《廣東考古輯要》（中國，光緒 19 年，1893），卷 30。
27. 周樹佳：《香港民間風土記憶》叁（香港：天地圖書，2007）。
28. 周樹佳：《鬼月鈎沉：中元、盂蘭、餓鬼節》（香港：中華書局，2015）。
29. 屈大均：《廣東新語》（北京：中華書局，1985）。
30. 林友蘭：《香港史話》（增訂本）（香港：上海印書館，1980）。
31. 林天蔚、蕭國健著：《香港前代史論集》（台北：台灣商務印書館，1985）。
32. 施志明：《香港開埠初期之社會變遷（1842-1900）》（香港：香港珠海大學中國歷史系碩士論文，未刊）。
33. 科大衛、陸鴻基、吳倫霓霞合編：《香港碑銘匯編》（香港：香港市政局，1986）。
34. 科大衛：《皇帝和祖宗：華南的國家與宗族》（南京：江蘇人民出版社，2009）。
35. 胡春惠、劉祥光編：《2014 兩岸三地歷史學研究生研討會論文集》（香港：香港珠海學院亞洲研究中心，2014）。
36. 香港史學會編：《香港史地》第五卷（香港：香港史學會，2014）。
37. 張燦輝、梁美儀合編：《凝視死亡 —— 與人間的多元省思》（香港：中文大學出版社，2005）。
38. 梁炳華：《北區風物志》，（香港：北區區議會，1994）。
39. 梁炳華：《香港離島風物志》（香港：離島區議會，2007）。
40. 郭棐：《粵大記》（廣州：中山大學出版社，1998）。
41. 陳昕、郭志坤編：《香港全紀錄》（香港：中華書局，1997）。
42. 劉效庭著、陳國成主編：《香港地區史研究之三：粉嶺》（香港：三聯書店，2006）。
43. 陳慎慶主編：《諸神嘉年華 —— 香港宗教研究》（香港：牛津大學出版社，2002）。
44. 陳溢晃編：《旅行家》第十八冊（香港：香山學社，2008）。

45. 陳蒨：《潮籍盂蘭勝會——非物質文化遺產、集體回憶與物份認同》（香港：中華書局，2015）。
46. 陸鼎元、魏彥鈞：《廣東民居》（北京：中國建築工業出版社，1990）。
47. 湯國建、蕭國健、陳佳榮編：《香港 6000 年 — 遠古 -1997》（香港：麒麟書業公司，1998）。
48. 馮邦彥：《香港華資財團 1841-1997》（香港：商務印書館，2002）。
49. 黃佩佳：《新界風土名勝大觀》（香港：商務印書館，2016）。
50. 黃南翔：《香港古今》（香港：奔馬出版社，1992）。
51. 羅慧燕：《藍田樹下：新界鄉村學校》（香港：三聯書店，2015）
52. 黃競聰、劉天佑：《香港華人生活變遷》（香港：長春社文化古蹟資源中心，2014）。
53. 黃競聰：《風俗通通識》（香港：長春社文化古蹟資源中心，2012）。
54. 黃競聰：《風俗演義》（香港：長春社文化古蹟資源中心，2012）。
55. 黃競聰：《簡明香港華人風俗史》（香港：三聯書店，2020）
56. 蘇子夏編：《香港地理——山海依舊風物在》下篇（香港：商務印書館，2015）。
57. 新界侯氏族譜委員會編：《香港新界侯氏族譜》（香港：新界侯氏族譜委員會，1985）。
58. 楊金森、范中義合著：《中國海防史》（上冊）（北京：海洋出版社，1995）。
59. 楊耀林：《深圳近代簡史》（北京：文物出版社，1997）。
60. 詹志勇、李思名、馮通編：《新香港地理》，上冊（香港：天地圖書有限公司，2011）。
61. 劉平：《被遺忘的戰爭：咸豐同治年間廣東土客大械鬥研究》（北京：商務印書館，2003）。
62. 劉存寬：《香港史論叢》（香港：麒麟，1998）。
63. 劉存寬：《租借新界》（香港：三聯書店，1999）。

64. 劉智鵬、劉蜀永編：《新安縣志 —— 香港史料選》（香港：和平圖書有限公司，2007）。
65. 劉智鵬：《中英街與沙頭角禁區》（香港：三聯書店，2011）。
66. 劉智鵬主編：《展拓界址 —— 英治新界早期歷史探索》（香港：中華書局，2010）。
67. 劉義章編：《客家區域文化叢書：香港客家》（桂林：廣西師範大學出版社，2007）。
68. 劉蜀永、蘇萬興主編：《蓮麻坑村志》（香港：中華書局，2015）。
69. 劉蜀永：《割佔九龍》（香港：三聯書店，1995）。
70. 劉蜀永：《簡明香港史》（香港：三聯書店，1998）。
71. 劉潤和：《香港史議會史（1883-1998）—— 從潔淨局到市政局及區域市政局》（香港：歷史博物館，2002）。
72. 劉潤和：《新界簡史》（香港：三聯書店，1999）。
73. 蔡榮芳：《香港人之香港史 1841-1945》（香港：牛津大學出版社，2001）。
74. 鄧家宙等編：《香港歷史探究二：香港東部歷史》（香港：香港史學會，2015）。
75. 鄭宏泰、黃紹倫：《香港身份證透視》（香港：三聯書店，2004）。
76. 蔡思行：《戰後新界發展史》（香港：中華書局，2016）。
77. 魯言：《香港掌故（第一集）》（香港：華風書局有限公司發行，1990）。
78. 盧受采、盧冬青：《香港經濟史》（香港：三聯書店，2002）。
79. 蕭國健：《災患與香港史》（香港：顯朝書室，2009）。
80. 蕭國健：《明清兩朝有關香港之輿圖》（香港：顯朝書室，2013）。
81. 蕭國健：《油尖旺區風物志》（香港：油尖旺區議會出版，2006）。
82. 蕭國健：《香港之海防歷史與軍事遺蹟》（香港：中華文教交流服務中心，2006）。
83. 蕭國健：《香港古代史》（香港：中華書局，2006，修訂版）。

84. 蕭國健：《香港前代社會》（香港：中華書局，1990）。
85. 蕭國健：《香港新界之歷史與文化》（香港：顯朝書室，2011)。
86. 蕭國健：《香港新界之歷史與文物》（香港：顯朝書室，2011)。
87. 蕭國健：《香港新界北部鄉村之歷史與風貌》（香港：顯朝書室，2010)。
88. 蕭國健：《香港新界家族發展》（香港：顯朝書室，1991)。
89. 蕭國健：《香港歷史研究》（香港：顯朝書室，2004）。
90. 蕭國健：《香港歷史與社會》（香港：中華書局，1994）。
91. 蕭國健：《清初遷海前後香港之社會變遷》（台北：台灣商務印書館，1986）。
92. 蕭國健：《寨城印痕 —— 九龍城歷史與古蹟》（香港：中華書局，2014)。
93. 蕭登福：《道教與佛教》（台灣：東大圖書館，2009）
94. 霍啟昌：《香港與近代中國》（香港：商務印書館，1992）。
95. 龍炳頤：《香港古今建築》（香港：三聯書店，1992)。
96. 薛鳳旋、鄺智文：《新界鄉議局史 —— 由租借地到一國兩制》（香港：三聯書店，2011)。
97. 謝重光：《香港抗日風雲錄》（香港：天地圖書，1995)。
98. 謝德隆主編：《錦田鄉十年一屆酬恩建醮 —— 歲次乙未（2015 年）第三十三屆特刊》（香港：錦田鄉十年一屆酬恩建醮第三十三屆委員會，2015)。
99. 瀨川昌久：《客家：華南漢族的族群性及其邊界》（北京：社會科學文獻出版社，2013)。
100. 羅香林：《香港與中西文化之交流》（香港：中國學社，1961）。
101. 羅香林編：《1842 年以前之香港及其外交通》（香港：中國學社，1959）。
102. 譚肖敏：《香港新界侯族的建構》（香港：中華書局，2012)。
103. 饒玖才：《香港的地名探索》（香港：天地圖書，1999)。

104. 饒玖才：《香港的地名與地方歷史（上冊）—— 港島與九龍》（香港：天地圖書，2011）。
105. 饒玖才：《香港的地名與地方歷史（下冊）—— 新界》（香港：天地圖書，2012）。
106. 饒玖才：《香港舊風物》（香港：天地圖書，2003）。
107. 饒宗頤：《九龍與宋季史料》（香港：萬有圖書公司，1959）。
108. 《清實錄》第 3（北京：中華書局，1985）
109. 馬金科主編：《早期香港史研究資料選輯》（上冊）（香港：三聯書店，1995）
110. 齊鵬飛：《日出日落：香港問題一百五十六年（1841-1997）》（北京：新華出版社，1997）
111. 東華三院：《香港東華三院百年史略》（香港：東華三院，1970）
112. 鄺智文、蔡耀倫：《孤獨前哨 —— 太平洋戰爭中的香港戰役》（香港：天地圖書，2013）
113. 鄺智文：《重光之路 —— 日據香港與太平洋戰爭》（香港：天地圖書，2015）
114. 趙雨樂、鍾寶賢、李澤恩編註：《香港要覽（外三種）》（香港：三聯書店，2017）

## (2) 方志

1. 阮元：《廣東通志》（北京：北京圖書館出版社，2003）
2. 郭棐：《廣東通志》（據《日本內閣文庫藏明萬曆 30 年（1602）刻本》影印；台南縣柳營鄉：莊嚴文化事業有限公司，1996），72 卷。
3. 陳伯陶：《東莞縣志》（台北：台灣學生書局，1968），98 卷，10 冊。
4. 舒懋官主修；王崇熙等纂：《新安縣志》（台北： 成文出版社，1974），24 卷，2 冊。

5. 黃佐：《廣東通志》[microform]（據嘉靖本印），70 卷。
6. 靳文謨：《新安縣志》[microform]（康熙戊辰 27 年，1688），13 卷。
7. 戴肇辰主修；史澄，李光廷總纂：《廣州府志》（廣州：粵秀書院，光緒 5 年，1879），163 卷。

(3) 報章

1. 《大公報》(1940，1948)
2. 《工商日報》(1949)
3. 《文匯報》(2008)
4. 《成報》(2017)
5. 《信報》(2016)
6. 《星島日報》(1940)
7. 《華字日報》(1940)
8. 《華僑日報》(1956，1949，1958，1965，1968，1971)
9. 《東方日報》(2014)

## 英文部分

a. History

1. Brim, John, "Village Alliance Temples in Hong Kong" . In Arthur P. Wolf (ed.). *Religion and Ritual in Chinese Society* (Stanford: Stanford University Press, 1974), pp.93-103.
2. Chan, Ka Yan, "Joss Stick Manufacturing: A Study of a Traditional Industry in Hong Kong" in *Journal of the Hong Kong Branch of the Royal Asiatic Society*, Vol. 29 (1989), pp.94-120
4. Chan Lau, Kit-ching, *China, Britain and Hong Kong, 1985-1945* (Hong Kong: The Chinese University Press, 1990).

5. Cheung, Gary Ka-wai, *Hong Kong's Watershed: The 1967 Riots* (Hong Kong: Hong Kong University Press, 2009).

6. Constable, Nicole, *Christian Souls and Chinese Spirits: A Hakka Community in Hong Kong* (Berdeley: University of California Press, 1994).

7. Constable Nicole, (ed.), *Guest People: Hakka Identity in China and Abroad.* (Seatle: University of Washington Press, 1996).

8. Criveller, Gianni, *From Milan to Hong Kong: 150 Years of Mission* (Hong Kong: Vox Amlica Press, 2008).

9. Davis, S.G., & A.K. S, "Geology of the Lin Ma Hang lead mine, New Territories, Hong Kong" . *The Mining Magazine* (February 1956).

10. Davis Sydney George, A. K. Snelgrove, "The Geology of the Lin Ma Hand Lead Mine, New Territories, Hong Kong" Mining Magazine, Vol. 94, pp 73 - 77.

11. Davis S. G. (ed). *Hong Kong, Southern China and South East Asia* (Hong Kong: Hong Kong University Press, 1964), pp.207-213.

12. Erbaugh, Mary S, "The Secret History of the Hakkas: The Chinese Revolution as a Hakka Enterprise" , *China Off Center: Mapping the Margins of the Middle Kingdom* (Honolulu: University of Hawaii Press, 2002).

13. Faure, David, *The Structure of Chinese Rural Society: Lineage and Village in the Eastern New Territories, Hong Kong* (Hong Kong: Oxford University Press, 1986).

14. Faure David, James Hayes and Alan Birch (eds), *From Village to City: Studies in the Traditional Roots of Hong Kong Society* (Hong Kong: Hong Kong University P, 1984)

15. Hayes, James, "A Casualty of Cultural Revolution" , in *Journal of the Hong Kong Branch of the Royal Asiatic Society*, Vol.10(1970), pp.196-197.

16. Hayes, James, *The Great Difference: Hong's New Territories and Its People*

1898-2004 (Hong Kong: Hong Kong University Press, 2006).

17. Hase, Patrick H., "Cheung Shan Kwu Tsz: An Old Buddhist Nunnery in the New Territories and Its Place in Local Society" , in *Journal of the Hong Kong Branch of the Royal Asiatic Society*, Vol.29(1989), pp.121-157.

18. Hase Patrick, "The Alliance of Ten: Settlement and Politics in the Sha Tau Kok Area" , in David Faure and Helen F. Siu (eds), *Down To Earth: The Territorial Bond in South China* (Hong Kong: Stanford University, 1995).

19. Ho, Pui-yin, *The Administrative History of Hong Kong Government Agencies 1841-2002* (Hong Kong, Hong Kong University Press, 2004).

20. Johnson, Elizabeth, *Recording A Rich Heritage: Research on Hong Kong's New Territories* (Hong Kong: Leisure and Cultural Services Department, 2000).

21. Owen, Bernie & Raynor Shaw, *Hong Kong Landscapes: Shaping the Barren Rock* (Hong Kong: Hong Kong University Press, 2007).

22. Wesley-Smith, Peter, *Unequal treaty, 1989-1997: China, Great Britain, and Hong Kong's New Territories* (Hong Kong: Oxford University Press, 1980).

23. Williams, Trefor, "The Story of Lin Ma Hang Lead Mine, 1915-1962" , in *Geological Society of Hong Kong Newsletter*, Volv0: No $ (1991), pp.3-27.

24. Wilson, B. D., "Chinese Burial Customs in Hong Kong" , in *Journal of Hong Kong Branch of the Royal Asiatic Society*, Vol.1 (1961), pp.115-123.

## Government Reords

1. HKRS634-1-7，《打鼓嶺區各村單複姓源流表編造總冊》

2. Hong Kong Government Gazette, 1853-1941.

3. Hong Kong Government, 1962 Annual Report

4. Hong Kong Hansard, 1890-1941

5. Hong Kong Sessional Paper, 1884-1941

6. Report on the census of the colony for 1911
7. Report on the New Territory During the first year of British Administration, 1900
8. The Friend of China and Hongkong Gazette, 1842-1861.

# 鳴謝名單

（排名不分先後）

| | | | | | |
|---|---|---|---|---|---|
| 吳耀東 | 張伙泰 | 萬新財 | 陳金華 | 蕭世傑 | 葉華清 |
| 黃志強 | 林金貴 | 陳崇輝 | 杜樹海 | 易渭東 | 黃偉炎 |
| 姚偉良 | 陳慧強 | 劉國偉 | 梁昭研 | 甯志明 | 蕭國健 |
| 露　姐 | 阮　志 | 萬官生 | 朱國強 | Robert To | 李肇華 |
| 張貴財 | 吳國如 | 王鴻強 | 萬秀平 | 姚新財 | 蘇萬興 |
| Fanny Wong | | 阿　咕 | Janet | 朱詠筠 | |

特別鳴謝著名攝影師蔡旭威先生慷慨借出珍貴照片，以下為照片在書中編號：

封面、圖 2-1，5，7、圖 4-2 至 8、圖 5-1 至 3、圖 6-2 至 5，7，9、圖 7-1 至 7、圖 8-3

# 歷史虛幻

## 打 鼓 嶺 的 歷 變

黃競聰　著

責任編輯　金敏華

裝幀設計　簡雋盈　陳佩珍

排　　版　陳美連

印　　務　劉漢舉

出版
中華書局（香港）有限公司
香港北角英皇道 499 號北角工業大廈 1 樓 B
電話：（852）2137 2338
傳真：（852）2713 8202
電子郵件：info@chunghwabook.com.hk
網址：http://www.chunghwabook.com.hk

發行
香港聯合書刊物流有限公司
香港新界荃灣德士古道 220 - 248 號
荃灣工業中心 16 樓
電話：（852）2150 2100
傳真：（852）2407 3062
電子郵件： info@suplogistics.com.hk

印刷
美雅印刷製本有限公司
香港觀塘榮業街 6 號海濱工業大廈 4 樓 A 室

版次
2024 年 12 月初版

規格
16 開（210mm x 153mm）

ISBN
978-988-8912-29-2